JN070510

# 社員の能力を 120%引き出す 研修講師32選

いきいき職場づくりに貢献する講師の会 編

# はじめに

　現代社会は、新型コロナウイルス感染症（COVID-19）の流行や、ひとたび発生すると甚大な被害をもたらす自然災害など、企業経営の存続にもかかわる非常事態が増え、また一方では、AI技術の急速な進化による仕事や生活への影響などで、世の中の先行きを正しく予測しにくい「VUCA（ブーカ）の時代」に突入していると言われています。

　そのVUCAの時代を企業が健全に生き抜いていくためには、逆境を乗り越えていける柔軟な人材の育成が最も大切だと思われます。実際に、東京商工会議所によるアンケート調査では、アンケートに回答した企業の99.2％が、「従業員に対する研修・教育訓練を重視している」との結果が出ています。

　さて、それほど注目されている研修・教育訓練ですが、自社で育成した社内講師はともかくとして、外部講師に研修を依頼しようとする場合、その多くはインターネットによる情報収集に依存しているのが現状ではないでしょうか。確かにネットでは多くの情報を検索できますが、なかなか講師本人の人となりが率直に伝わりにくいという側面があるのも否めません。そのため、ともすると「ニーズに応えきれない研修」になったり、「社風に適さない人物」であったり、あるいは、講師の人間性や専門知識の面で、実際に受講者から信頼性を疑問視する声が上がったりするなど、いわば研修を依頼する側と講師側とのミスマッチも起こ

りかねないのが現実です。

　そこで私どもは、対応力がありレベルの高い研修講師の情報を企業・団体の研修責任者向けに提供すべく、実際に研修・教育訓練の第一線で活躍している実力派の研修講師を紹介する本の制作を進めることにいたしました。そしてこのたび、「いきいき職場づくりに貢献する講師の会」として32名の研修講師を掲載し、皆様に紹介できる書籍を上梓することができました。

　本書では、それぞれのジャンルで実践的な経験を積まれている研修講師が、昨今の研修現場で重要視されているテーマを踏まえつつ、ご自身の考え方や研修方法などを語っており、講師の人となりが伝わるように編集することで、研修講師選定のミスマッチが防げる配慮をいたしました。社員研修のさらなるレベルアップに資するものと確信しております。

　書名『社員の能力を120％引き出す研修講師32選』の通り、本書に掲載されている講師は、高い指導能力と多くの実績・評価を有する方々ばかりです。それぞれの紹介文の最後に、各講師の氏名・肩書・プロフィール等を掲載し、おもな研修やセミナー、講演のテーマなども掲載しておりますので、参考にしていただき貴社の社員教育に広くお役立ていただければ幸いです。
　なお、関心を持っていただいた研修講師につきましては、直接やり取りができるように連絡先も記載しております。本書を、貴社・貴団体に

相応しい研修講師との出会いや、素敵な研修講師選びの一助として有効にご活用いただければ望外の喜びです。

　2023年9月

　　　　　　　　　いきいき職場づくりに貢献する講師の会
　　　　　　　　　書籍制作委員会事務局

社員の能力を120％引き出す研修講師32選　　目次

## 第1章

# 新人・若手・中堅社員が育つ研修

# 第2章

# 個々の能力アップや
# 心身の健康アップが図れる研修
## ＜新人・若手・中堅含む全社員向け＞

## 第3章

# モチベーションＵＰ・離職者が
# 減少する研修

## 第4章

# マーケティング＆営業力がUPする研修

## 第5章

# 経営者・管理職者のマネジメント能力が向上する研修

装幀　梅沢 博（アリクイズム）

図版作成　村野千草（bismuth）

第 1 章

# 新人・若手・中堅社員が育つ研修

ロジカル（論理的）に情報を整理し、ロジカルな展開で連絡や報告、相談事や意見を述べることができれば、相手に伝わりやすい。これはビジネスパーソンに求められるスキルの1つだ。本稿では、ロジカルに話せない人がロジカルに話せるようになるために、ロジカルトークのスペシャリストである著者がそのコツを伝える。

# 上司から納得と信頼が得られる！ ロジカルでわかりやすい話し方

東京コミュ塾　代表　神宮つかさ

組織で働くビジネスパーソン向けに、コミュニケーション能力上達のサポートをしています。私のコンサルティングを受けた生徒からは、「会議で堂々と話せるようになった」、「提案したプロジェクトが採用された」、「昇進試験に合格した」等、たくさんの喜びの声をいただいています。

そんな彼らも当初は以下のような悩みを抱えていました。

● 上司から「結局、何が言いたいの？」と聞き返される。
● 話しているうちに、自分でも訳がわからなくなる。
● 一生懸命話しても、相手に伝わっていない気がする。

このような悩みを抱えていた彼らがなぜ、短い時間で目標を達成できたのか？　それは、ロジカルでわかりやすい話し方ができるようになったからです。

ここではそのエッセンスをお伝えいたします。それでは、さっそくまいりましょう。

## 話が伝わらないのは、論理の飛躍が原因

　上司から、「結局、何が言いたいの？」と言われる原因の多くは、論理が飛躍しているからです。では、論理の飛躍とは一体どういうことなのでしょうか？

「風が吹けば桶屋が儲かる」ということわざを聞いたことがあると思います。一見、全く関係のないような出来事でも、巡り巡って意外なところに影響を及ぼす、という意味です。順を追って説明すると、次のようになります。

　風が吹く→砂ぼこりが舞う→砂ぼこりが目に入り目の見えない人が増える→当時、目の見えない人は三味線で生計を立てるので、三味線の需要が増える→三味線には猫の皮が張られるので市中から猫が減る→猫が減るとネズミが増える→ネズミは桶をかじる→桶が壊れて、桶屋が儲かる。

　これらの論理を全部飛ばして、「風が吹いたら、桶屋が儲かる！」とだけ主張されても、納得できませんよね。これが論理の飛躍の一例です。

## 論理の飛躍を防ぐ方法

　風が吹いたという原因と、桶屋が儲かるという結果の関係を、筋道立ててきちんと説明しないと、相手は「ん？　よくわからない」となってしまいます。この原因と結果の関係を「因果関係」と呼びます。ビジネスにおいて、いかにロジカルに因果関係を説明できるかどうかが、成功のカギを握ります。

　例えば、あなたが上司に対して、こんな主張をしたとします。

「テレワークを導入すれば、人材確保につながると思います。」

　上司はおそらく、「なぜ？」と聞き返してくるでしょう。論理が飛躍しているからです。これを防ぐには、「人材確保につながる」という結

果に対して、「それはなぜ？」と自問自答し、「テレワークを導入する」という原因に無理なくたどり着けるかどうかを確かめることが肝要です。

　すると、例えば「地方の優秀な人材を採用できるから」などの、根拠が抜けている＝論理が飛躍していることに気づくと思います。

　さらに、この論理展開に間違いがないかを確かめるべく、原因から結果へ「だから何？」と自問自答してください。

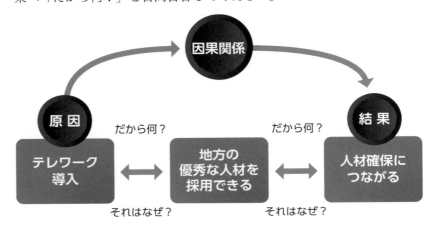

　結果から原因へ、それはなぜ？　原因から結果へ、だから何？　と自問自答する。たったこれだけの作業で論理の飛躍を防ぐことができ、結果、あなたの話をロジカルに伝えることができるようになります。

　そこまで細かく説明しなくてもわかるでしょ？　と思うのは危険です。自分の頭のなかは誰にも見えない、ということを念頭に置いて、はしょらずに丁寧に説明しましょう。

## 複数の根拠・理由を述べる

　前項のワークで因果関係を明確にしたうえで上司に説明しても、あなたの主張が通るとは限りません。上司からは「たったそれだけの理由で？」と聞き返される可能性があるからです。1つではなく、複数の理由や根拠を述べましょう。そうすることで、上司の納得感は増すはずです。

## ピラミッド構造

　私がお伝えしているロジカルでわかりやすい話し方は、ロジカルシンキングで最も基本的な考えとされている「ピラミッド構造」に基づいています。ピラミッドは三角形で、下が大きいですよね。つまり、支えとなる根拠は1つではなく、複数ないと安定しないのです。

## 3つがベストだが2つでも良い

　Power of Three（3つの力）という言葉があります。3つの支え＝根拠があれば、人間は安定しているように感じるのです。3つの要素があるフレームワークはたくさん存在します。例えばQCD（Quality＝品質、Cost＝価格、Delivery＝納期）や、3C（Customer＝顧客、Company＝自社、Competitor＝競合他社）、心技体など。上司への報告前に十分な時間がある場合は、3つの理由を準備しましょう。

### ピラミッド構造

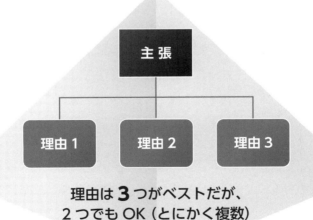

ただ、上司から急に質問された場合、咄嗟（とっさ）に３つも理由や根拠を述べるのは難しいですよね。そこで私がお勧めするのが、２つの理由を述べるということです。

　理由を２つ、何とか絞り出しましょう。例えば、先ほどの「テレワークを導入すれば、人材確保につながる」という主張について、地方の優秀な人材を採用できるという理由の他に何が考えられるでしょうか？

　例えば、「従業員満足度が上がり、優秀な社員が離職しにくくなる」という理由も挙げられますね。

　とにかく、複数の理由をもとに自分の主張を説明すれば、上司が納得してくれる可能性はグッと上がります。

## 具体例や事例・データを述べる

　ただ、複数の理由を述べたとしても、決裁権があると同時に責任もついて回る上司は、そう簡単には承認してくれません。おそらく「本当にそうなの？」と質問してくるでしょう。もうあと一押し必要です。そこで役に立つのが、具体例や事例・データです。

## データは自分の主張を支持するために取りに行く

　テレワークを導入すれば、従業員満足度が上がり、離職率が下がる、というのはなんとなく想像できますが、「なんとなく」では上司の納得は得られません。この仮説を証明するためには、実際にテレワークを導入した企業を調査し、従業員満足度が改善されているかどうかを、確認すれば良いでしょう。テレワーク導入の有無と、従業員満足度との相関関係を証明することができれば、「なんとなく」から、成功確率の高いアクションプランへ昇華させることができます。ただ単にデータを集めるのではなく、自分が主張したい仮説に対して、それを証明するために必要なデータを取りに行く。これが正しいデータの調べ方です。

## 自分の経験を述べる

　ただ、いつでもデータが取得できるとは限りません。そんな時は自分の経験を述べましょう。「本当に地方の優秀な人材を採用できるのか？」という上司の疑問に対しては、「私が働いていた前社では、営業人材の半数はテレワークでした。優秀な営業パーソンが多く、問題なく運用できていました」と加えると、上司の納得度が上がります。

### ピラミッド構造

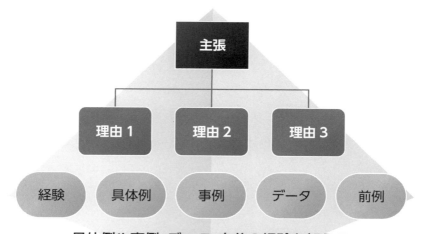

具体例や事例、データ、自分の経験を加える

## 最後にもう一度、主張を繰り返す

　ある程度の時間話していると、最初に述べた主張を聞き手も話し手も忘れてしまいそうになります。せっかくピラミッド構造を基に話したにもかかわらず「結局、何が言いたいの？」と聞き返されるともったいないですよね。くどいようですが、最後にもう一度、主張を繰り返しましょう。

ここまでのピラミッド構造を整理すると、以下のようになります。

【主張】テレワークを導入すると、人材確保につながると思います。
（複数の理由）理由は２つあります。
　１つめ、地方の優秀な人材を採用できるからです。
【経験】自分の前社の経験では、営業人材の半数はテレワークでした。優秀な営業パーソンが多く、問題なく運用できていました。我が社でも本制度を取り入れることで、今まで獲得できなかった地方の優秀な人材を確保することができると思います。
　２つめは、従業員満足度が向上し、離職率の低下が期待できるからです。
【データ】テレワーク導入の有無と、従業員満足度および離職率との相関関係を調べました。テレワークを導入した企業は、導入していない企業と比べ、従業員の満足度は約３倍に上がり、離職率も低下していることがわかりました。
【主張の繰り返し】以上の理由より、テレワークを導入することが、人材確保につながると思います。

　いかがでしょうか？　もちろんこれだけで、会社の大きな方針を決める大事な施策が承認されるとは限りませんが、ダラダラと思いつきで話すよりも、きちんとロジカルに話せているという印象を上司に与えることができるはずです。

　今回お伝えしたピラミッド構造に基づくロジカルでわかりやすい話し方を、ぜひ、明日から実践し、上司の納得と信頼を勝ち取りましょう！

　東京コミュ塾公式LINEにご登録いただければ、「聞き手を惹きつけて

離さない！プレゼン23のスキル集」を、期間限定で無料プレゼントいたします。この機会に、世界に通用するコミュニケーションスキルを身につけましょう！

## ＜著者プロフィール＞

神宮（じんぐう）つかさ

東京コミュ塾　代表

大手メーカー欧州本社の調達責任者を4年半務める。個性の強い欧州人に囲まれ悪戦苦闘。ファシリテーションに挑戦するも、会議は炎上。プレゼンは途中で遮られる等、困難の連続に遭う。日本風の「和をもって尊しとなす」という考えは世界では通用しないことを実感する。そこから独学で実践ベースのコミュニケーション能力を身につけ、数々のプロジェクトを成功に導く。帰国後、東京コミュ塾を立ち上げ。セミナーでは経験のなかで培った「世界に通用する、実践型コミュニケーション」を体系的に教えている。
著書に『ロジカルスピーチ術』（セルバ出版）、『「超実践型」神ファシリ　ファシリテーションこそがビジネスを制す最強スキル！』（ごきげんビジネス出版）がある。

## ［講演・セミナーのテーマ例］

・上司から信頼を得られる！ ロジカルで分かりやすい話し方
・昇進、昇格、採用試験を突破するプレゼンテーション
・会議が楽しくなる！ ファシリテーション
・あがり症克服講座

## 連絡先（ホームページ、ブログ等のURL）：

ホームページ　https://tokyocommujuku.com/wp/

チームビルディングとビジネスの基礎が同時に楽しく学べるボードゲームが誕生した。名前は「アッパーランド」。とかく座学に終始しがちな研修現場に新風を巻き起こす！

# リピーター続出！ ボードゲーム「アッパーランド」でチームビルディング＆ビジネスを楽しく学ぼう

株式会社スマイルガーディアン　代表取締役　清水 群

## テーマパーク経営を疑似体験しながらチーム力を向上

「赤字続きのテーマパークを3年以内にV字回復せよ」

　これは、現実の話ではありません。社員研修用に開発された「アッパーランド」というボードゲームで、プレイヤーに与えられるミッションです。

　プレイヤーは、人事、営業、アトラクション運営、施設管理、物販・飲食を任された精鋭6名に扮し、それぞれの立場からテーマパークを盛り上げるアイデアや施策を打ち出します。個人競技ではなく、チームメンバーが協力し合わなければ高得点が得られない設計になっているため、自然とメンバー間のコミュニケーションや協力が図れるゲームです。また、ゲームのなかには、テーマパーク運営に必要な資金調達や収支管理、人材の採用やマーケティングなど、多岐にわたる経営的な要素も盛り込まれており、楽しみながら経営者マインドを磨くことができま

す。

　このゲームには、さまざまなイベントも仕込まれています。例えば「テーマパークを台風が直撃」、「食中毒が発生」、「スタッフがケガをして辞めた」などマイナスの出来事もあれば、「SNSでバズった」、「クリスマスショーが大好評」などプラスの出来事もあります。その都度、限られたリソース

でどう対応するかが問われるため、問題解決力や判断力が培われます。

　また、実際の業務では部署を頻繁に変わることはできませんが、ゲームではさまざまな役割を疑似体験することができるので、現実の業務でも他部署の人への関心や理解が深まったり、自分の適正に気づいたりできるというメリットもあります。現実世界では失敗は許されませんが、ゲームだから失敗もOK。何度も失敗をしながら学んでいけることがゲームならではの良さです。

　ゲームは1チーム6名（4名からでもプレイ可能）で行います。1チームだけでも構いませんが、部署対抗、営業所対抗など、複数のチームで得点を競うこともできます。また、新入社員VS先輩社員でプレイすることも可能。おもしろいのは、しばしば新入社員チームが先輩社員チームに勝ってしまうこと。新人のほうが先入観や思い込みが

少なく、柔軟な発想ができるということなのかもしれませんね。

## 社内研修や採用活動、中学・高校の職業教育にも

「アッパーランド」は、新入社員研修や、管理職研修などの社内研修以外に、採用側が学生の協調性などを知るツールとしても活用いただいています。また、中学校や高校で、職業教育の一環として使用されることもあります。

ゲーム中、盛り上がっている様子が伝わってくる

「アッパーランド」のメリットはいくつかありますが、一番は、ものすごく盛り上がること。ほぼ100％、隣の部屋からクレームが来るのではとひやひやするほど笑い声があふれる研修になります。

一般的に"研修"というと、「面倒くさい」、「参加したくない」と思う人も少なくありませんが、「アッパーランド」を用いた研修は、参加を楽しみにしてくださる方が多いのが特徴で、研修後のアンケートでも高い評価が得られ、この研修を採用した人事部の評価も上がったという嬉しい報告も届いています。

　2つめのメリットは、チームの団結力が高まることです。ゲームに夢中になるとしばしば、人の本性が垣間見えるものです。「あの人、こんなお茶目な一面もあったんだ」と、互いの理解が深まり、ぐっと親近感が湧くのです。ゲーム中だけでなく、通常の業務でも、明るいコミュニケーションが増えた、チームの風通しが良くなったなど、とても良い影響が出てきます。

　３つめのメリットは、売上や利益、人件費など、実際の経営さながらに利益を生み出す仕組みを考えなければならないため、計数感覚が身につくことです。また、飲食・物販など直接利益を生み出す部門と、人事や施設管理のように直接は生み出さない部門は、現実社会ではしばしば対立するものですが、互いに協力して利益を生み出すことの大切さもこのゲームで学ぶことができます。

　経営者目線で言えば、プレイヤーがピンチの時にどんな判断をするのか、好調の時に大胆に攻め続けるのか慎重にやるのか、どれだけ柔軟な考え方ができるのかなど、１人ひとりのキャラクターを見極められるので、人材育成や適材適所、マネジメントの判断材料にできるというメリットもあります。

　これまで、街の小さな商店から一部上場企業まで多くの企業で活用していただき、大好評を得ています。またありがたいことに口コミによる紹介注文も多くなってきました。「アッパーランド」は、一度この研修を導入された会社様なら、ボードゲーム単体での購入もできますので、ぜひ社内で繰り返し使っていただきたいと思います。

## 開発秘話！　２つのテーマパークでの経験が「アッパーランド」の原点

　ところでなぜ、テーマパークをゲームの題材としたのでしょうか。それは私の経歴が大きく影響しています。私は筑波大学と同大学院でシステム情報工学を学び、卒業後は「世界で唯一無二のものづくりがしたい」という想いから株式会社オリエンタルランドに入社。ディズニーランドでは接客の仕事からスタートし、アトラクションのメンテナンスや設計の仕事をメインに携わりました。その後、大阪の株式会社ユー・エス・ジェイ（USJ。現在は合同会社）に転職。２つの会社での経験は10年に及び、この間に、テーマパークのあらゆることを学びました。

　テーマパークは、アトラクション運営だけでなく、飲食、物販、技術職など数にして約600もの多業種の集まりです。つまり、600業種の成

功パターンを学べる場所なのです。その学びはゲームにも活かされています。

　USJにはエンジニアとして採用されましたが、経営的な視点を持ちたいと思い中小企業診断士の資格を取得。その時は予備校にも通いました。中小企業診断士の勉強内容自体は興味深くおもしろかったのですが、テーマパーク業界に身を置く人間としては、もっと楽しく学べないかという疑問が心の片隅にありました。今思えば、その時のもやもやした想いが、「アッパーランド」の開発につながったのかもしれません。

　USJには8年いて最終的には管理職にまでなりましたが、テーマパークの現場を離れたことに物足りなさがありました。そこで、2016年に独立し、群コンサルティングオフィスを立ち上げました（後に株式会社スマイルガーディアンとして設立）。USJ時代に、ある遊園地の社長さんからテーマパークの安全管理について相談を受けたことがあり、「テーマパークのコンサルティングってビジネスになるかもしれない」と思ったのです。

　現在は、テーマパークコンサルタントとして、テーマパークの安全管理の指導や、テーマパークを盛り上げるための企画、物販・飲食のマーケティング、広告宣伝、接客マニュアルや中期計画の立案に至るまで、トータルなアドバイスを実践しています。

　以前は、お客さまといっしょにテーマパークを回り、アトラクションやパーク内の店舗などを実際に見ながら、その背後にあるマーケティング戦略をレクチャーするということも行っていて、大変好評でした。そのエッセンスは、『なぜテーマパークでは朝から風船を売っているのか？　テーマパークで学ぶビジネスの教科書』（河出書房新社）という本にもまとめました。ところが、コロナ禍でテーマパークの休園が相次ぎ、1カ所に人を集めて行うレクチャーイベントも開催できなくなりました。

　そこで思いついたのが、ボードゲームです。実際のテーマパークを造

ることは簡単ではありませんが、ボードゲームなら私でも作れるかもしれない。ゲームをプレイしながらテーマパークの経営戦略が学べるのではないか。また、前述のように、テーマパークには多種多様な業種が集まっていますから、さまざまな企業の人にも応用できる教材が作れるのではないかと思ったのです。

　ゲームの大枠は私が考えて、細かなルール設定などはゲームクリエイターに依頼。約1年半かけて「アッパーランド」は完成し、2021年5月にリリースしました。

## テーマパークは、人を笑顔にできる素晴らしい仕事

　私の本業はテーマパークコンサルタントです。おそらくこの肩書で仕事をしているのは日本で私だけでしょう。そして、私ほどテーマパークの表と裏を知り尽くしている人間はいないと自負しています。

　思い返してみれば、テーマパークに関わって約20年という月日が経ちました。なぜこの仕事を続けているのかというと、単純なことですが、自分が手がけたアトラクションでお客さまが喜んでくれ、お客さまの笑顔を見ることが私の喜びだからです。こんなに素晴らしい仕事は他にはありません。

　いま私が注目しているのはアジアです。アジアはテーマパークにおいてはまだまだブルーオーシャンです。これまでの経験を活かして、安全安心に楽しめるテーマパークづくりを提案していきたいと考えています。

　私の究極の目標は、有名サッカー選手がサッカーボール1つを持って世界を回り、そこでたくさんの人を笑顔にできるように、いつでもどこでも誰もが気軽に楽しめるポータブルなアトラクションを作ることです。それがどんなものなのか、実際にできるのかまだわかりませんが、いつの日にか実現したいと夢を描いています。

（「アッパーランド」について詳しくはこちら　https://upper-land.jp/）

## ＜著者プロフィール＞

### 清水　群（しみず　ぐん）

株式会社スマイルガーディアン　代表取締役
1981年兵庫県出身。筑波大学第三学群工学システム学類卒業。同大学院システム情報工学研究科（当時）を修了。株式会社オリエンタルランド、株式会社ユー・エス・ジェイを経て2016年、群コンサルティングオフィスとして独立（2018年からは株式会社スマイルガーディアンとして設立）。勤務した2社では接客はもちろん、アトラクションのメンテナンス・設計、ビッグデータ分析による収益性改善に至るまで多種の業務を経験。2大テーマパークを経験した日本で唯一のテーマパークコンサルタントとして活動中。企業研修や講演も実施している。
著書に『なぜテーマパークでは朝から風船を売っているのか？　テーマパークで学ぶビジネスの教科書』（河出書房新社）、『あなたの知らない安全なテーマパークの仕組み〜安心してジェットコースターに乗るために知っておきたい27のコト〜』（Inon）、『天職〜「らしくない」と言われる「自分らしい」生き方〜』（propus）、『社員の育成は5人が限界〜テーマパークから学んだ人材育成術「5人組ジョブトレーニング法」〜』（ギャラクシーブックス）、『テーマパーク・アミューズメント事業 知っておきたい最新トレンドと成功の秘訣』（杉崎聡紀氏との共著）（セルバ出版）がある。

[講演・セミナーのテーマ例]
・ディズニーランドとUSJで学んだ一流のサービス、ホスピタリティとは
・ディズニーランドとUSJで学んだ『リーダーの心得』4カ条
・ディズニーランドやUSJで学んだ安全を守ること、安心を提供すること

連絡先（ホームページ、ブログ等のURL）：
ホームページ　https://www.gunsul.jp/
アッパーランド　https://upper-land.jp/

1-3

中堅社員であれば、仕事を進めるうえで、また、将来的に組織をリードする管理者として、どのように考え、行動すべきだろうか。
本稿では、多くの若手社員をプロとして通用する社員（プロ社員）に育ててきた著者が、種々の視点からどのように仕事に向き合うべきか、そして、さらにその先の管理職になるための心構えを伝える。

# 若手から中堅へ
# :仕事を進めるポイントと
# 管理者になるための心構え

一隅TERRACE株式会社　代表取締役　益山道守

## 仕事の"意味"を変える視点の転換

　学校を卒業し、「社会人として初めて給料を得る」——この感動の瞬間は一生忘れないでしょう。仕事の基礎を教えてもらい経験を積み、先輩たちからの承認を得る。得た給料でご飯を食べ、服を買い、趣味を楽しむ。働き始めた頃はこのような充足感に満ちあふれ、言われたことを適切に遂行していれば良かったかもしれません。

　しかし中堅社員になるにつれて、仕事に対する視点が必要になります。「何のために働くのか」——この問いについて一度考えてみてください。ある時、新入社員に「なぜ働くの？」と尋ねたところ、「ご飯を食べるため」、「趣味を楽しむため」という回答が返ってきました。これらは本音であり、共感できるものです。

　しかし、これまでに学んだこと、独自のアイデアや発想、仕事で得たスキルを使って、「自分の生活のため」ではなく、「お客さまの生活を豊かにしたい」、「社会に貢献するため」という視点に変えてみてはどうで

しょうか。これによって業務内容や給料が変わるわけではありませんが、「何のために働くのか」と視点が変わるだけで、自身の働き方が大きく変わります。

　給料はお客さまからいただいた報酬です。提供したサービスを受けてお客さまが「良かった！」と感じ、これからもその価値を認めていただくことで、給料を得られるのです。食品会社の社員であれば、「こんなに美味しいものは初めて食べた！　幸せ！」と感じてもらえる商品を作り出す。IT関係では、「人々の暮らしをより便利で快適にするサービスを提供する」……。これらを追求することで、少しでも品質を向上させ、コストを削減するためのアイデアが生まれるでしょう。また、お客さまの笑顔を思い浮かべながら新たな取り組みや改善点を考えることで、自身の働き方が革新的になるでしょう。

「何のために働くのか」と自分を見つめ直すことは、中堅社員としての新たなステップです。新入社員の頃には見えなかった視点がこの一歩で広がります。それは大きな飛躍になり、これからのあなたの成長を支える原動力となるでしょう。

## 存在価値と役割

　私がアサヒビールに入社して7年目、30歳になろうとしていた頃のことです。本社のエンジニア部門で全工場のエネルギー関連の業務をしていました。それまで工場にいる時は受け持った業務をミスなくこなすことで評価されていました。しかし、全工場の取り組みを一手にまとめるという新たな課題に戸惑いも覚えていた時です。

　隣の包装開発部で当時取締役兼部長（エンジニアリング部出身）をしていた大先輩の谷（仮名）さんが「コーヒーでも飲もうや！」と声を掛けてくれました。そして唐突に「益山！　上川（仮名）をどう思う⁉」。
　上川さんは私の15年先輩で、技術部門では誰もが口を揃えるトップ

中のトップです。当時は工場でエンジニアリング部長をしていましたが、その技術力、計算力、行動力、判断力等は他部署を含めても抜きん出ていました。後にグループ会社社長も務めた実力者であるので、言うまでもありません。私はすかさず「めちゃくちゃ頭が良くていつも敬服しています。1つでも多く学びたいと思っています」と返答しました。

　それを聞いた谷さんは「まあ、皆も同じように思っているよ。上川の優秀さは誰もが認めている。だけどなあ、上川が1人いなくなってもアサヒビール社はびくともしない。これっぽっちも変わらない。それぞれが重要な役割を担っているからだ。君もその1人。だからこそ、この会社で君自身の価値とは何かを考えてみてほしい」と言いました。

　組織のなかで働く我々は、自分1人では達成不可能なことも多々あります。しかし、全員が一丸となり同じベクトルを向けば、1人ではできなかったことも達成可能になるのです。いくら会社にとって良い案件でも、賛同者がいなければ前に進むことはできません。目的には同意しても方法論で意見が分かれてしまったなら達成することはできません。

　それ故に、自分の役割と自分が果たすべき責任、つまり自己の存在価値を見つけ行動することが重要です。これは短期間で達成可能ではなく、仲間との良好な関係を築き、信頼関係を構築していくことが必須となります。組織全体で達成した成果がもたらす充足感は、個人の達成感をはるかに超えるものでしょう。

## 石橋を叩いて歩きながらも石橋の本質を理解する

　社会人として育つまで、私たちは家庭や学校で一般的な常識や倫理、ルールを学びます。これらは社会で共存していくために重要な知識です。しかし、いざ社会に出て仕事を進めると、自分が「常識」と思っていたものがそうではなかったり、または少数派の意見であったりすることに気づくことがしばしばあります。それにより、仕事のやり方や優先順位が他人と合わないこともあるでしょう。

なぜそんなことが起きるのでしょうか？　決してあなたの学んだことが間違っていたからではありません。会社組織のなかで働くうえで、それだけでは不十分であるという事実を認識する必要があります。会社内での判断基準とは、会社の理念や指針に基づいているか、そしてコンプライアンスを遵守しているか、という観点にあります。それぞれ個々人の経験や学んだことだけで判断すると、これらの要素から外れた決断を下してしまうこともあります。

　例えば、ある食品会社では品質を最優先にと努力していました。しかし社員の1人が、「洗浄に使用する水が多すぎてもったいない。削減すればコストダウンにつながるだろう」と根拠もなく仮説を立て、良かれと思って取った行動が結果的に品質事故を引き起こすという事例がありました。

　家庭での食器洗いの感覚で製品を作る設備を同様に考えると、大きなトラブルにつながります。製品の品質を確保するにはどのような設備仕様となっているかを知り、どのような注意が必要で、それを維持するためには何をすべきか、常に考えることが大切です。

　また、法令に関連しそうな案件でも、「多分大丈夫だろう」と個人視点で考えることはありませんか？　これも危険な思考です。会社の方針やルールをしっかり理解し、関連法規を理解できなければ調べるか、知っている人に確認をするべきです。

「わかったつもり、知っているつもり」ではなく、「なぜそうするのか」の本質を理解し、確認するという注意深さが中堅社員には求められます。そうでなければ、後輩への指導も感覚的なものになり、いい加減なものとなってしまうでしょう。

## 未来に向けての持続的な学習

　日本のビジネス文化において「朝令暮改」は避けるべきと教えられます。これは1日で方針が変わる状況を示し、これが繰り返されれば社員

は混乱し疲弊します。また、その結果として仕事に対する達成感も削がれてしまいます。

　しかし、現代の経済の急速な変化に対応するためには、変化に即座に対応できるよう絶えず情報を収集し、アンテナを高く保つ必要が生じてきています。

　これは無計画で無秩序な方針変更を容認するという意味ではなく、組織全体としての柔軟性、迅速な判断力、そして変化を受け入れ対応する意識が求められる、ということです。

　具体的には、以下のような状況を想像してみてください。

　１）昨年から開発を始め今年春に完成したばかりの発注システムだけれど、AIの新機能により、システムを全面的に見直すことで利便性や作業効率が大幅に向上する可能性が見えてきた
　２）物販運送で最短の運行ルートを先月決めたばかりだけれど、B社との協働配送が可能となり、その結果として大幅なコスト削減が見込める。これを実現するためには運行ルートを即時変更する必要がある

　情報化社会とグローバル化が進行するなかで、変化はますます早く、ニーズも多様化します。今後は変化に柔軟に対応する組織が求められる時代となります。

　その時代を乗り越えるためには、絶えず新しい知識やスキルを学び続けることが重要です。「持続的な学習」を行うことで、自己の価値を高め、組織全体の成長にも寄与できます。リーダーとして部下の学習を促進し、知識共有の場を提供する立場として活躍してほしいと思います。

## 最後に

　会社は全ての社員が一丸となって取り組む時に、最大の成果を達成し

ます。そのためには、社員全員の努力と意識が同じ方向を向いていなければなりません。自分の視野や考えに固執するのではなく、他人の意見を理解し、同時に自身の意見も伝えられることが、組織での効果的な働き方と言えます。

　異なる価値観や常識を持つ人々と円滑に働くためには、コミュニケーションが欠かせません。良好なコミュニケーションを維持するためには、まず他人の考えを理解することに心を向けてください。その姿勢が組織内での協調性を育て、より良い結果へと導きます。

　そして、視野は常にサービスを必要とするお客さまに向けられるべきです。お客さまがいつまでも私たちのサービスを必要とし続けるよう、未来志向の思考を保ち続けて、これからもご活躍いただきたいと思います。

＜著者プロフィール＞

益山　道守（ますやま　どうしゅ）

　一隅TERRACE株式会社　代表取締役
1989年アサヒビール株式会社入社。生産本部エンジニアリング部門にて工場の新規設備導入や生産稼働率を上げるための設備改造立案・施工に従事。1996年には製造業界で初となる「工場廃棄物100％再資源化」を企画し達成、『地球環境大賞通商産業大臣賞』を受賞する。2014年よりアサヒビール技術系全社員の人財育成に取りかかり、育成体系・スキル評価システムを構築する一方、独自開発した育成コンテンツで研修の内製化を実現。役職：本社生産本部担当部長、経営企画本部担当部長。
2020年、世の中の多くの社員をプロ社員にすべく「一隅TERRACE株式会社」を設立。

［講演・セミナーのテーマ例］

・現場の社員をプロに育てる仕組みと方法

・異物混入対策について

・製造現場の危機管理について

・リスキリングの考え方と方法について

連絡先（ホームページ、ブログ等のURL）：

ホームページ　https://1goo.co.jp

メールアドレス　masuyama@1goo.co.jp

女性がいきいきと活躍するためには「自信」を持つことが大切。本稿では、女性活躍推進のスペシャリストが、女性が管理職として自信を持ってリーダーシップを発揮するための未来へ向けてのアドバイス、『フィードフォワード』を紹介する。

# 女性を管理職にする！
# ５つのフィードフォワード
## ～女性が自信を持つために伝えるべきこと～

合同会社オモテナシズム　代表／ビジネスコーチ　川邊彌生

## 女性の初期設定は「組織での成功」ではない

「就職してもどうせ子どもができたら退職するかパートで働くことになると思うので、適当なところに入社できれば良い」

女子大での講演でこんな意見を聞きました。最近のことです。

いよいよ政府の骨太の方針に女性の役員数が目標とされたというのに、女性の意識は世間の変化ほど変わっていないのかもしれない、と不安になります。

新卒一斉入社が慣習となっている日本では、特に男子学生は一生が決まってしまうかもしれない就職活動に熱心です。

その結果、どこの企業でも同じシステムに乗って選ばれて入社した人たちの仕事観は似ています。すると、同じような仕事観を持った人たちが企業風土を作ることになります。

女性も男性と同様、卒業と同時に就職をする学生が大半です。

**しかし冒頭の女性の発言のように、就職をする女性たちは必ずしも最**

初から「組織で活躍し成功をすること」が初期設定とはなっていません。

　もちろん、バリバリ仕事がしたい、自分のキャリアを築きたい、企業に貢献したいという熱い想いを抱いている女性もいますが、まだまだ多数派ではありません。

　冒頭の女性は学力も環境も平均的な大学の学生ですから、日本の多くの女性が仕事のキャリアを重要視しているとは限らないのではないでしょうか。

　やる気の差は男性にもあるでしょう。

　しかし、多くの男性が「組織や仕事で成功すること」が初期設定であるとすると、女性はそうなってはいないのです。

## 女性が働きやすい会社と女性が働き甲斐を感じる会社

　それでは、組織に働き甲斐を見出し成功することを目指す女性を増やすには、どうしたら良いのでしょう。

「だからこの10年あまり、仕事と家庭が両立する仕組みづくりに取り組んでいるのだ」と言われそうですが、それだけでは簡単に解決しないことはもうお気づきでしょう。

「子育てする環境も整っているし、女性の意見を尊重してくれるから、管理職になりたい」と考える女性はどのくらいいるでしょうか。

「居心地の良い会社だから仕事と家庭を両立できる」と考えて長く勤務する女性は、実際増えているようです。

　しかし、女性の数や勤務年数を延ばすことと、女性管理職の増加とは必ずしも同じではありません。

　**そもそも、女性が働きやすい会社と女性が働き甲斐を感じる会社は同じでしょうか。**

　働きやすさが改善しても働き甲斐がなければ、管理職になって貢献しようと考える女性は増えない。だから、海外と比較してどの分野におい

ても女性が幹部として活躍している割合が日本は低いのだと私は考えています。

　1on1コーチングを行っている企業も多いようですが、なかなか効果が上がらないという声をよく聞きます。

「キャリアビジョンを描きましょう」、「リーダーシップを身につけましょう」と指導する前に、女性に限らず社員が仕事に何を求めているのか、働き甲斐とは何かを問いかけ、彼女たちの話を聞いているでしょうか。

　実際、企業による女性の仕事観には格差も生まれています。

　私は2016年から「女性の活躍を阻む12の習慣〜悪癖を強みに変えるために」という女性の自己変革を応援する公開セミナーを毎月行っています。毎回、多くの女性が参加してくれますが、参加者たちの仕事観は多種多様で、所属する企業によっても大きな差を感じます。

　女性社員がキャリアを追求したい、貢献したい、と前向きな気持ちを持っている会社では以下のような声が女性から上がります。

①会社のビジョンや経営理念、パーパスが自分の価値観と合っている
②商品やサービスに誇りが持てる
③自分の貢献が実感できている
④期待されていると感じ、サポートしてもらえている
⑤チームの仲が良い

　皆さんの職場はいかがでしょうか。

## 「実力」と「自信」を見誤らない

　女性と男性の「自信」にも格差があることは注目したい点です。

　男性は、自己評価が甘く、自分の実力はさておき「自信」を積極的に示します。

　女性は、実力より自分を低く見積もり、自分の「自信」は見せない傾向があります。

　その結果、責任ある仕事を任せようとした時に、女性と男性の候補者がいると、男性のほうが頼もしく、実力があるように見えがちです。

　実際には、「自信」と「実力」は別です。自信があっても実力が伴わない人はいるのですが、人はつい「自信のある人」を仕事のできる人と勘違いします。

　社会のなかで、堂々とふるまうより、控えめであることのほうが評価される傾向が女性にはあるので、実は損をしているのです。また、実際に自信がない女性が多いのも事実です。

「自信がない」ことは、女性の成功を阻害する最大の要因です。女性は周囲とうまくやることを重要視するので、周囲の人にどう見られているかを過度に気にします。完璧主義者であることが多いため、自分に厳しく自己評価が低い傾向にあります。

　**女性が管理職として活躍するためには、自信を持たせることが必要なのです。**

## 「フィードフォワード」で自己変革を促す

「フィードフォワード」という言葉をご存じでしょうか。

　過去の行動に対するアドバイスである「フィードバック」に対して、未来に向けての前向きなアドバイスが「フィードフォワード」です。
「フィードバック」は人を育てるために大変有効ですが、すでに済んでしまったことに関して受けるアドバイスは耳が痛いものです。

　ただでさえ、女性は起きたことを何度も繰り返し思い出し悔やむ傾向があります。「反芻する」のが得意です。

　反省は大切ですが、失敗を繰り返し思い出すと自信を失います。

　**だからこそ、過去を振り返るのではなく未来に向けて背中を押すフィードフォワードが有効なのです。**女性に自分の課題と向き合い、自分に

とって働き甲斐とは何かを見つけてもらうため、未来に焦点をあてて、アドバイスをすることをお勧めしたいと思います。

## ＜女性を輝かせる５つのフィードフォワード＞

### ①目の前のチャンスはつかみましょう

　自分でビジョンを描いて築くキャリアもあれば、他人に勧められてやってみたらそれが自分のキャリアになった、という場合もあります。

　他人に勧められた時は、ひとまず試してみましょう。

　自分では気づいていない才能を他人が見つけてくれる場合もあります。

　たとえ失敗しても経験は多いほうが人生は充実します。

### ②「私はこういう人だから！」と、自分を決めつけるのは、やめましょう

「私はこういう人だから無理」、「私のことは私がよく知っている」、「私にできるわけがない」と決めつけることで、自分の可能性を狭めていませんか。

　バイアス（偏見・思い込み）が最近では注目されていますが、実は一番バイアスを持って見ているのは、自分自身かもしれません。**自分へのバイアスを捨てましょう。**

　思い込みは心の声として、常に自分自身に繰り返し語られるので、どんどん自信を失います。

　また、「私はこうだから」と言う人に対しては、周囲の人たちもアドバイスができなくなります。可能性を広げるために自分を「決めつける」のは、やめましょう。

### ③リーダーシップは自分流でいい。寄り添うことから始めましょう

「リーダーシップがないから管理職は無理」と思っていませんか。

　リーダーとは「組織の目標を達成する行動を促す人」です。

　リーダーシップには、方向性を示しチームを統率する、決断する、責任をとるというイメージがあり、前に出るのが苦手な人には少し重たく感じるものです。

　しかし、現代のように目まぐるしく変化する時代は、先頭に立ち叱咤激励するより、状況を観察し周囲を勇気づけ、目標を達成する行動を促すことこそ、リーダーに求められています。必要なのは「寄り添う力」です。

　1人ひとりの気持ちに寄り添い、価値を認め勇気を与えていくこと。仲間を観察し話を聴き、根気強く対話をすること。これは前に出るのが苦手であっても共感する力があれば実行できるでしょう。


## ④他人の力を借りましょう

　自分でやったほうが完璧になる、早い、だから全て自分でやりたい、細かいことまで把握したい、優秀な女性にありがちな思考です。

　しかし、1人では大きな仕事はできませんし、自分が大変です。

　自分が得意でないことやできないことに対しては、周囲を巻き込みましょう。巻き込むためには目的を共有する。そうすることで、チームの一体感が生まれ、部下が成長し、部下も仕事の楽しさを知る。あなたも楽になるし、部下も育ちます。堂々と他人の力を借りましょう。

　そして何かを皆で成し遂げた時の爽快な達成感をぜひ味わってください。


## ⑤今日よりも明日、「来年の自分の姿」を目標としましょう

　人生100年と言われる時代、私たちは子育てが終わっても定年退職をしても続く長い人生のビジョンを描いて準備する必要があります。

　また、人は夢のある人についていきたいと思うものです。ビジョンを描いて語ることがリーダーには求められます。

ビジョンが描けない人は「来年の自分の姿」を目標にしましょう。

　家族やパートナーのことを考えると、長期の計画は難しいと感じるか
もしれません。責任のある仕事を引き受けることをためらうのは、周囲
への配慮かもしれません。

　しかし、「ビジョン」とは自分がなりたい姿です。もっと気楽に考え
てみましょう。自分自身の「やりたいこと」、「ありたい姿」について実
現可能だろうか、状況が変わるかもしれない、という条件はひとまずお
いて、どのような仕事を成し遂げたら自分は満足なのか、何ができたら
幸せなのか、将来誰とどこで何をしていたいのか、短期の目標で良いの
です。

　１つずつ達成していけば、自然と見える景色が違ってくるはずです。
今の仕事は、より良い人生へと導いてくれるプロセスです。

　日々のことに集中し、今日よりも明日、皆とともに成長する、それが
人生の充実へつながると信じましょう。

＜著者プロフィール＞

川邊　彌生（かわべ　やよい）

合同会社オモテナシズム　代表
ビジネスコーチ株式会社　パートナーエグゼクティブコー
チ
マッケンキャリアコンサルタンツ株式会社　執行役員
ビジネスブレイクスルー大学大学院経営研究科修了
（MBA）
横浜市出身。大学卒業後、メーカー勤務を経て横浜航空
会社入社。香港に11年在住。帰国後、横浜グランドイン
ターコンチネンタルホテル、エルメス、シャネルの研修
担当部長、伊系高級消費財の人事部長を経てビジネスコーチとして独立。女性リーダー

育成、コミュニケーション、リーダーシップ、異文化コミュニケーション、ホスピタリティマインド醸成、顧客満足などが主なテーマ。

著書に『ボスの知らない女性の特性―女性が輝くコーチング』（セルバ出版）などがある。

## ［講演・セミナーのテーマ例］

・コーチングの神様が見つけた世界の女性に共通する！「女性の活躍を阻む12の習慣～悪癖を強みに変えるために」
・ボスの知らない女性の習慣～多様性を活かす組織を作る～
・女性のための自己変革の技術
・癒し癒される職場を作るリーダーのコミュニケーション～サーバントリーダーとは～
・おもてなしマインドの育て方～５大顧客心理に対応する～

## 連絡先（ホームページ、ブログ等のURL）：

ホームページ　https://omotenacism.com/

お店の売上は、販売員がお客さまの心をつかめるかどうかに左右される といっても過言ではない。本稿では、ミステリーショッパーとして多く の売り場や接客現場を見てきた著者が、感動を生む「接客5ケ条」を伝 える。

# 覆面調査員が見た！
# 大ファンになる、感動接客

株式会社リューズネット　代表取締役　高久尚子

　猛スピードでさまざまなことが変化する世の中でも、リアル店舗があ る限り接客の質を上げていくことはとても重要です。お客さまに感動を 与える接客ができる「人」は、変化の時代においてもお客さまから選ば れ続けるはずです。

　ところで、皆様の店舗や接客現場ではどのようなサービスが行われて いるか、ご存じですか？

　実際に把握するのはなかなか難しいのが現状ではないでしょうか。素 晴らしいサービスが各地で展開されている反面、ほんの些細なことでお 客さまを逃し、売上を落としている場面もあるというのが現実です。

　私どもでは、ミステリーショッピング（覆面調査ともいいます）を行っ ています。対象は小売店、展示場、ショールームなどさまざまです。調 査員がお客さまとして店舗を訪問し、実際にサービスを受け、その時の 状況をご依頼いただいた企業に報告します。目的は、現状の店頭サービ スの課題点や良い点をフィードバックすることで、今後の顧客満足やリ

ピーターづくり、売上づくりの戦略や方向性の参考にしていただくため、また、日々頑張っているスタッフの接客を適正に評価し、チームやスタッフのモチベーションアップにつなげるためです。

　長年行っているミステリーショッピングで、素晴らしいサービスに出合うことがよくあります。そういった経験をすると、ついまたプライベートで足を運びたくなり、リピートすることもしばしば。反面、もう行きたくないと思う残念なサービスもあります。

　それらの経験から、ファンになる感動接客に共通のポイントが見えてきました。「型」を大切にしながら、「型」にはまらない、「人間」らしい血の通った対応です。感動接客がさまざまな場面で実践されればお客さまはお店のファンになり、また足を運び、お客さまの反応が良ければスタッフも仕事が楽しくなって接客の質が高まる、という好循環が生まれます。AIの時代だからこそ、「人」ならではのサービスは一層価値が高いのです。

　今回はお客さまが大ファンになり、スタッフも仕事が楽しくなる、AIには真似のできない「感動接客」のポイントを、実例を交えながらお伝えします。

　それが、感動接客を生む5つの「K」、接客"5ヶ条"です。

## 1つめのK──【歓迎】

### 「お客さまを歓迎する」

　お客さまを歓迎するなんて当たり前、と思われるかもしれませんが、当たり前をいつもきちんと行うことはとても重要なことです。まず、お客さまは店舗を遠目で見てから入店します。実は遠目から見た店舗内の何気ない様子は、その店の雰囲気がとてもよくわかるのです。スタッフ同士でおしゃべりに興じたり、作業に集中していると、あまり良い雰囲気ではなく、来店客にも気づきにくいため、挨拶もおろそかになりま

す。お客さまがいついらしても良いように、お迎えの準備を常に整えて
おくことが大切です。実際にお客さまが入店したらすぐに気づき、作業
中でも手を止めて笑顔とアイコンタクトで歓迎の気持ちを伝えましょ
う。

### ＜調査員が見たNG例＞

　車検が近づき車を他メーカーのものに買い替えようと、予約せず近所
の高級車のディーラーへ。近所だからと服装はダメージデニムにサンダ
ル履き。入店しても手が空いているスタッフからの挨拶はない。しばら
くうろうろしても誰からも声がかからず、誰かに声をかけようと思って
も目が合わず、呼び止めるきっかけを失う。結局パンフレットをピック
アップして帰宅。軽装だったからか歓迎されず、寂しい訪問となった。

### ＜調査員が見た◎な例＞

　スーパーにて。スタッフは忙しそうに品出し中。通路を気にしつつ作
業をしている様子で、近づくとすぐに手を止めて視線を向け明るい笑顔
で「いらっしゃいませ」と言う。忙しいなかでも明るい挨拶があるの
は、とても印象が良い。

## ２つめのＫ──【観察】

### 「お客さまをよく観る」

　もちろんジロジロ見ることではありません。さり気なくお客さまの表
情や動きなどを観察するということです。急いでいる様子の方、キョロ
キョロしている方、にこやかな表情の方、厳しい表情の方、お１人、ご
家族連れ、ご友人と一緒、カジュアルな服装、ビジネススーツ。お客さ
まの様子は千差万別。さらにここでは、視覚から入る情報だけでなく、
お客さまの背景にある気持ちを観ることも重要です。お客さまの様子や
来店の背景に合わせた対応をすることが、特別感につながります。

**＜調査員が見たNG例＞**

初めて行った地元の美容院。近所なのでTシャツにパンツという服装でノーメイク、ヘアカラーも取れかかっている。席に着き一通り希望を聞き取った担当者が、「今日はお仕事帰りですか？」と尋ねる。どう見ても仕事帰りではない軽装の私。なんだか気まずい気持ちになる。

**＜調査員が見た◎な例＞**

ホテルのフロントにて。出張でキャリーケースと大きめのトートバッグを持ってチェックイン。数日の滞在なので部屋に花を飾ろうと、花屋でミニブーケを購入しトートバッグに入れていたところ、フロントの担当者が「花瓶をご用意しましょうか」と笑顔で一言。ブーケはトートバッグからほとんど見えていなかったのに、担当者のさり気なく鋭い観察力と気の利いた一言で、気持ちが豊かになった。

## ３つめのK──【興味】

### 「お客さまに興味を持つ」

お客さまに興味を持つとは、「お客さまのことを知りたい！」と思うことです。お客さまの様子を観察した際、「どうしてかな」、「何をしてほしいのかな」などとお客さまの状況や背景のストーリーを推しはかることが、興味を持つことです。お客さまの状況を見た目だけで判断しないために、質問をして会話をすることも大切。興味を持って質問を投げかけて少しでも会話をすれば、お客さまの気持ちもほぐれ、状況やニーズが見えてきます。小売店などではつい商品紹介が先行し、目線が自社（自店）のほうに向きがちですが、主役はお客さまなのです。

**＜調査員が見たNG例＞**

住宅展示場にて。リビングルームを案内する担当者が、「こちらはお子さまやおじいさま、おばあさま、ご家族で団らんされるのにぴったりな造り」と紹介するが、夫婦２人住まいを予定している私たちにはピン

とこない。先ほど2人住まいと伝えたが、私たちの家族構成など気にも留めず、お決まりの自社アピールを優先するので気分が高まらない。

### ＜調査員が見た◎な例＞

住宅展示場にて。夫婦で訪問。最初に訪ねたモデルハウスでは担当者が妻としか話をしないので私（夫）は面白くなく、早々に引き揚げ次のモデルハウスへ。そこでも妻がついつい話をリードしていたところ、寡黙な私の様子を見た担当者が、「ご主人様は体格が良いですが、何かスポーツをされているのですか」と訊いてきた。それがきっかけで話が盛り上がり、趣味の話から最後には資金計画などにまで話が進んだ。私にも興味を持ち夫婦を主役にする会話運びで、満足の訪問となった。

## 4つめのK──【工夫】

### 「お客さまのために工夫する」

基本をきちんと理解し基礎を整えてこそ、工夫ができます。「マニュアルを使いこなす」とも言えます。

日々「業務」として接客を行っていると、ついついマニュアル通りやルーティンでこなしていく、という悪い習慣に陥りがちです。目の前のお客さま1人ひとりは来店や購入の目的が異なり、またその日その時の状況も違います。それぞれのお客さまへの対応を工夫することが、パーソナルなサービスにつながります。「思わず買ってしまった」、「また行きたい」という、お客さまの主体的な行動に結びつくはずです。

### ＜調査員が見たNG例＞

プライスやや高めのアウター専門店にて。セールがスタートしたばかりでスタッフが数人待機。店内に他のお客さまの姿はなく、私が入っていくとすぐに「どうぞ、ご試着いただけますので」と笑顔で声がかかり、奥に進むとまた別のスタッフからも「ご試着いただけます」の声。振る舞いや声のトーンは丁寧だが、試着できるという決まり切った言葉

がけは、型通りで買い物の気持ちが高まらない。

**＜調査員が見た◎な例＞**

　商品を見始めるとスタッフがさり気なく笑顔で近づき、「セールが始まって60％オフです。いろいろお試しください」とにこやかにアプローチ。話しやすいスタッフなので、「モノトーンが好き」と私から好みを伝える。パンツを試着すると、「モノトーンがお好きなだけあってやはりとてもお似合いです」とのほめ言葉があり即決。さらに、「お客さまご自身ではお選びにならないかもしれませんが、モノトーンとも相性が良くお似合いになると思うので」と、ブラウスを薦める。確かに自分では選ばない色とデザインだが、私の好みなどを理解したうえでの提案。似合う！　新鮮！　意外性が嬉しい。私のために選んでくれたことも気分が良く、追加で購入することに決めた。

## ５つめのＫ──【奇想天外】

### 「お客さまの期待を大きく超える驚き・創造」

　奇想天外という言葉、意外だと感じますか。期待を大きく超えるという意味で、「何が何でもこの店！　いつ行ってもワクワクする！」、「何が何でもこの人から！　いつ会っても楽しませてくれる」という想いにつながるもの。先の４ケ条も感動の対応ですが、変化の時代にはさらに上を行く「奇想天外」な発想も求められると考え、これを加えました。

　ここにはまだ実例がありません。お客さまの期待を大きく超える奇想天外なサービス、ぜひ皆様も考えてみてください。

　感動接客の５ケ条、いかがでしたか。

　お客さまの感動や喜びを創造できる、素晴らしい仕事が接客だと思っています。

　５ケ条を実践するには、まずスタッフが接客を楽しむこと。そのスタッフの気持ちが伝染し、お客さまも心から楽しんでくださると信じてい

ます。スタッフとお客さまが輝いている店舗、これからもそんなリアル
店舗を増やしていきたいと思います。今日も接客現場では、たくさんの
スタッフが笑顔で頑張っています。「人」ならではの価値をますます高
めるために、「大ファンになる感動接客」をこれからもご一緒に創造し
ていきましょう。

　皆様の店舗で感動接客に出合えることを、心から楽しみにしていま
す。

## ＜著者プロフィール＞

高久　尚子（たかく　なおこ）

株式会社リューズネット　代表取締役
13年間の航空会社勤務後、外資系アパレルブランドで副
店長、店長などを経験し、その後独立。研修講師とし
て、接客マナー、販売スキル、ビジネスマナー、ユニバ
ーサルマナー、コミュニケーションスキルなど数多くの
研修を実施。2016年に株式会社リューズネットを設立
し、企業研修の他、ミステリーショッピング（調査、デ
ータ作成、調査後の研修・フォローなど）を行う。食
品、アパレル、住宅展示場など、年間約300店舗の調査を
実施。
また、働く人の幸せがお客さまの幸せにつながると考え、Well-beingやレジリエンスの
ワークショップ・研修も行う。

## ［講演・セミナーのテーマ］

・新入社員向け、大評判の新人になる！ビジネスマナー徹底習得
・困った！をなくす、大人のための見直しマナー
・多様な視点で行動するユニバーサルマナー
・説明だけでは人は動かない。相手を動かすプレゼンテーション

・部下の個性を活かす　リーダーシップ
・違いを理解し未来につなげる　多様性コミュニケーション
・レジリエンス あなたの"強み"の活かし方
・働きたくなるチームづくりのための　Well-being
など。

## 連絡先（ホームページ、ブログ等のURL）：

ホームページ　http://ryusnet.com

経営やビジネスの悩みは、その多くが人間に対する理解不足に起因している。だからこそ、人の心理に関する理解は不可欠だ。しかし、セミナーなどで学んでも「娯楽学習」では意味がない。そこで本稿では、経営心理の第一人者が、その正しい学び方とそこで得た知識を使えるようにするための継続的な学習・実践の在り方などについて述べる。

# 「経営心理学」を学ぶことの 重要性と継続実践の秘訣

一般社団法人日本経営心理士協会　代表理事　藤田耕司

## 経営・ビジネスの悩みは「部下」「お客さま」という人の悩み

　経営やビジネスの悩みにはさまざまなものがありますが、とりわけ多いのが、「部下が思うように動かない」という悩みと「売上が伸びない」という悩みです。

　これらはいずれも人の悩みであり、前者は「部下」という人の悩み、後者は「お客さま」という人が商品を買うという方向に動かないという悩みです。

　このように「人が動かない」と悩み、経営やビジネスがうまくいかない会社が数多くあります。

　この点、人は「こうしたい、ああしたい」と心が動くと、その方向に動こうとします。そのため、人を動かしているのは心であり、人の心を動かし、望ましい行動を引き出すのがうまい人が経営・ビジネスで高い成果を出しています。

　そのことから、経営・ビジネスにおける成果のカギは、心の性質を理解することにあります。

## 心の性質の理解が現場の成果をもたらす

　例えば、部下の悩みに関し、モチベーションを上げ、成長を促し、離職率を下げ、組織をまとめていきたいのであれば、次のような心の性質を理解する必要があります。


・モチベーションが形成される心理的メカニズム
・仕事が面白いと感じる心理的要素
・成長と気づきをもたらす思考の特徴
・人が離職を決意する心理的要因
・上司に影響力を感じる心理的要因


　あるいは、お客さまの悩みに関し、関係を深め、購入意欲を喚起し、高い成約率で成約し、効果的に売上を伸ばしたいのであれば、次のような心の性質を理解する必要があります。


・顧客が売り手に心を開く心理的メカニズム
・商品に価値を感じる心理的メカニズム
・提案に説得力をもたらす心理的要素
・購入を躊躇する心理的要因


　そのため、私は経営やビジネスがうまくいかないという方に「心の勉強をしていますか?」と聞きます。すると、ほとんどの方は「していない」と答えます。

　人が動かないから経営・ビジネスがうまくいかないのに、人を動かしている心については勉強しない。そして人が動かないと悩み続ける。

　そういった会社からこれまで1200件超の相談を受け、心の性質に基づいて経営の助言をしたところ、多くの会社で大きな成果を上げること

ができました。こういった経験からつくづく思うのが、なぜ経営者やビジネスマンは心の勉強をしないのかということです。

## 部下、お客さまよりも先に動かすべき人とは

　私はこれらの心の性質を「経営心理学」として体系化し、経営心理士講座という形で経営者やビジネスマンの方にお伝えしていますが、これまでのべ7000名超の方が受講され、数多くの方が成果を出されています。

　その成果の高さが認められ、この講座の内容は中央省庁や大手企業でも導入され、日経新聞はじめ複数のメディアからも取材されています。その成果の事例については日本経営心理士協会のHPにてご覧いただけます。

　こういった成果からも、心の性質を理解することが経営やビジネスをするうえでは非常に重要だと考えています。

　ただ、そういった成果を出すためには「部下」や「お客さま」よりも先に動かさなければいけない人がいます。それが「自分」という人です。

　セミナーを受ける目的、それは現場で成果を出すことです。ただ、そのためには「自分」という人を動かし、学んだ知識を実践することが必要です。この「自分」という人をいかに動かせるかでセミナーの成果は大きく変わります。

## 知的好奇心を満たす娯楽学習、成長につなげる成長学習

　現場で成果を出すつもりで受講していながら違う目的にすり替わる人も少なくありません。その目的が「知的好奇心を満たすこと」です。

　知的好奇心を満たすことに目的がすり替わっている人は、新たな知識

を学べたことで満足し、その知識を活用して現場で成果を出そうとしないまま、また新たなセミナーに手を出します。

これを繰り返すと「学習→放置→忘却→新たな学習→放置→忘却→新たな学習……」の循環に陥り、いくら学んでも現場での成果にはつながりません。こういった学習の仕方を「娯楽学習」と呼んでいます。これは知的好奇心を満たすために学習という形の娯楽を楽しんでいる状態です。

私自身、20代の頃は多くのセミナーを受け、セミナー仲間がたくさんできました。しかし、その仲間のほとんどは娯楽学習に陥っていました。自分もその状況にあったので、当初の目的に立ち返り、過去に受けたセミナーのテキストを引っ張り出し、とりわけ重要だと思ったことを継続的に実践しました。その結果、日々の現場で成長を実感できるほどに大きな成果を残すことができました。

## 知識に体験を伴わせ、腹落ちさせる

セミナーを現場での成果につなげるためには、「学習→実践→成功体験→継続→習慣化」のプロセスをたどることが必要です。このプロセスをたどる学習を「成長学習」と呼んでいます。この成長学習において重要なのが、知識に体験を伴わせることです。

座学等によって得られる知識は体験を伴うと腹に落ちます。これまで知識が腹落ちした経験がある方は、その時のことを振り返ってみてください。学んだ知識を試して現場で成功体験を得たり、あるいは学んだ知識に関する実体験がすでにあったりした時に腹落ちしていないでしょうか。

そして、知識は腹落ちするとその大切さがわかるため、継続的に実践する動機が高まり、継続的な実践によって知識が習慣化すると、現場で

継続的に成果が出るようになります。

　このように、「学習→実践→成功体験→継続→習慣化」のプロセスにおける「学習」は「知識を習得する」ために行うのではなく、「実践によって成功体験を得る」ために行う必要があるのです。そして、そのためには実践の仕方まで学ぶ必要があり、知識を学んでも現場でどう実践すれば良いかがわからなければ、講師に質問して実践法まで持ち帰ることが重要となります。

　ですので、ここからは教えた知識について現場でどう実践するのかについて解説します。

## 実践を妨げる感情の克服

　実践法まで理解した場合でも、人は普段やっていないことを実践する場合、ストレスを伴うことから「面倒くさい」、「怖い」という感情が生じます。この感情が実践を妨げます。ですので、感情の克服は成果を出すための必須条件です。

　その第一歩は、心のなかに生じた「面倒くさい」、「怖い」を客観的に捉えることから始まります。この客観的認識を「メタ認知」といいます。メタ認知は感情の力を弱める作用があります。

　メタ認知によって「確かに今、心のなかに面倒くさい、怖いという感情がある。うん、あるある」と明確に感情の存在を把握し、「面倒くさい」、「怖い」の力を弱めます。

　そのうえで理由の力を活用します。人はなぜ実践しなければならないのかの理由が明確になると、「面倒くさい」、「怖い」などと言っていられなくなり、実践に向けた行動を取ります。つまり、「面倒くさい」、「怖い」と思って実践ができないのは、やらなければならない理由が明

確になっていないからなのです。

　そうやってメタ認知と理由の力を使って感情を克服し、学習内容を実践できると、「感情を克服した」という成功体験が得られます。この成功体験を重ねるほど、感情を克服することに対する自信がつき、その自信が克服率を高めます。

## 知識の実践方法と行動変容の方法まで教えることが必要

　つまり、学習内容の実践に向けては、「実践しようとする→実践を妨げる感情が生じる→メタ認知する→実践すべき理由を明確にする→実践する→感情を克服した成功体験を積む」というプロセスをたどることが重要であり、そのプロセスを繰り返してたどれるようになると、「学習→実践→成功体験→継続→習慣化」の成長学習のプロセスが効果的に機能するようになります。その結果、現場で次々と高い成果を残せるようになるのです。

　私は「セミナーの価値は知識の多さで決まるのではなく、成功体験の多さで決まる」をコンセプトとして、上記の通り、現場で成果を出すうえで必要な心理構造を学ぶ経営心理士講座を主宰していますが、実際に数多くの受講生が成長学習のプロセスをたどることができています。

## 一番重要なのは受講後の過ごし方

　そして、その実践を継続することがさらに重要です。こんな言葉があります。
「学んだことを実践する人は100人に１人、その実践を継続できる人はさらに100人に１人、つまり学んだことを継続して実践できる人は１万人に１人」

この言葉は実態を表した言葉だと思います。

セミナー受講中は新しい知識が学べて、受講仲間もいて、学習、実践に対するモチベーションは高いですが、受講後はそのモチベーションが急激に下がります。そして復習も実践もしなくなると、娯楽学習のプロセスに入っていってしまいます。

セミナー受講期間よりも、セミナー受講後の時間のほうが圧倒的に長く、この期間においていかに継続的に成果を出せるかでセミナーの価値は決まります。ですから、セミナーの受講において一番重要なのは、セミナーを受講し終えた後の時間の過ごし方であり、だからこそセミナー後の復習と実践の継続が大事なのです。

そんな復習・実践の継続促進のために、私は講座を受講し終えた人を対象に、毎週火曜日の朝8時からZoomで無料の勉強会を開催していますが、日本のみならず海外からも毎回200名ほどの方が参加し、継続的に復習・実践を繰り返し、そして成果を出されています。

## セミナーの価値は成功体験の多さで決まる

セミナーの目的はあくまでも現場での成果につなげることです。

そのためには、「部下」、「お客さま」、「自分」という人の行動を司る心の性質を深く理解し、その性質に沿った実践をし、そして成功体験を得ることが必要です。

このような形で、娯楽学習ではなく成長学習としてほしいという気持ちを込めて私はセミナーを実施しています。

「セミナーの価値は知識の多さで決まるのではなく、成功体験の多さで決まる」

この考え方のもと、今後も1人でも多くの受講生が成果を出せるよう

に講師という仕事に励んでいこうと思います。

## ＜著者プロフィール＞

藤田　耕司（ふじた　こうじ）

一般社団法人日本経営心理士協会　代表理事

公認会計士、税理士

19歳から心理学を学び、複数の心理系資格を取得。2011年に監査法人トーマツを退職し、コンサルティング会社と会計事務所を設立。

年商300億円超の企業から個人事業主まで、のべ1200件超を経営指導し、心理と数字の両面から経営改善を行う。そのなかで、現場で生じる問題の原因となる心の性質を分析し、経営心理学として体系化することで経営指導の成果を高める。その成果が認められ、経営心理学の内容は企業や金融庁、日本銀行、マネジメントスクール、税理士会、大学などでも導入され、日経新聞、ダイヤモンド、PRESIDENTはじめ複数のメディアに取り上げられる。

主な著書には、『経営参謀としての士業戦略 - AI時代に求められる仕事』（日本能率協会マネジメントセンター）、『リーダーのための経営心理学 - 人を動かし導く50の心の性質』（日経BPM〈日本経済新聞出版本部〉）、『もめないための相続心理学 - 相続が気になるすべての方へ』（中央経済社）がある。

## ［講演・セミナーのテーマ例］

・経営心理学を用いると人材と業績はこう変わる

・採用、育成、離職の心理に基づいた組織づくり

・高利益体質の経営と統率力の向上

・部下の上司に対する7つの不満と本音

・コンサルティング契約の取り方

## 連絡先（ホームページ、ブログ等のURL）：

ホームページ　https://keiei-shinri.or.jp

たった２日で組織（チーム）が劇的に変わる社員研修があったら……
あなたの組織（チーム）で、この野外研修を導入してみませんか？

# チームに強い絆が生まれる
# 野外研修

一般社団法人日本野外研修ワークショップ協会（JOWA）　代表理事　田中孝治

　企業・団体の社員・職員の方々に体験型の野外研修を始めて15年。
これまでに1354社（約5.3万人）の企業様に導入いただき2018年にはリピート率95％、１年前には予約が埋まってしまう人気の研修となりました。

　さらに、世界的ベストセラーのビジネス書『７つの習慣』のエッセンスを体感しながら学べる世界初・唯一無二の「７つの習慣®Outdoor」という野外研修を提供させていただくまでに成長いたしました。「７つの習慣®Outdoor」は、「自立」と「チームワーク」の本質に気づくことを目的とし、「成功の原則」に照らし合わせて学ぶプログラムで、フランクリン・コヴィー・ジャパン株式会社、株式会社JTB、株式会社ワークショップリゾート、一般社団法人日本野外研修ワークショップ協会（以下、JOWA）の共同開発商品です。

　現在は、これらのコンテンツを日本中に広げるため、野外研修の実施が可能な提携施設と講師の仲間を増やしていっております。

　野外研修を導入いただいている企業様の課題と活用方法を挙げてみます。

## 実際に利用された企業様の情報

| ご担当者様 | 参加者 | 課題 | 活用方法 |
|---|---|---|---|
| 本部長・事業部長・人事 | 管理職 | 人格と組織運営力の向上、昇格のご褒美 | オフサイト |
| 事業部長・人事 | 主任係長 | エンゲージメント、人格とチームワークの向上、ご褒美 | オフサイト |
| 研修担当 | 若年層（5年目まで） | 同期の絆、離職防止 | 2年目研修 |
| 研修担当 | 新入社員 | 同期の絆、早期離職防止 | フォローアップ研修 |
| 求人担当 | 内定者 | 同期の絆、内定辞退防止 | 内定者の会 |
| 事業本部・営業個所 | 優績者 | 優績へのご褒美 | インセンティブ |
| 研修担当 | 経営人財 | 人格と組織運営力の向上 | 経営人財育成研修 |
| 管理職 | 職場の同僚 | 職場の風土改善 | 持ち出し会議 |

　こうした企業・団体様の多様な課題に対する解決策として、JOWAは野外研修を軸としたコンテンツを提供しております。研修対象は、内定者から新人・若手・中堅社員等さまざまであり、企業様の持つ課題（社内ニーズ）に対してカスタマイズもできます。代表的なコンテンツである「7つの習慣®Outdoor」を共通体験した参加者は、脳裏に焼きついた「感動の光景」を胸に、日常業務に戻ってからも主体的に自立とチームワークに取り組むようになります。そして、個人の成長とチームの成長は、組織により良い影響をもたらします。

　直近の2023年の新入社員研修は、2019年対比188％増でした。しかし、「三密を回避しながら行える風通しの良い環境での社員研修だから」という理由はさほど多くありません。

　では、「なぜ野外研修が選ばれるのか？　増えているのか？」、その秘密をお伝えいたします。

## 自然のなかで行う野外研修がもたらす最大の効果とは「便利と人間力の共存」

「自然のなかで行う野外研修は非日常でいいですね」とよく言われます。

　皆様は、この言葉を聞いてどう思われますか?

「自然のなか＝非日常」だから、研修に効果があるのでしょうか?

　コロナ禍において、三密を避ける研修だったからという理由で私たちの野外研修が選ばれているのは多くないということを先ほど述べました。結論を先に言うと、野外研修は人間本来の状態に戻り、お互いの心と心がつながることで社員同士の仲が深まって、業務が円滑に進むようになるからです。

　コロナ禍ではソーシャルディスタンスで人々は距離を置かねばならず、表情はマスクで隠れ、直接会うことができない。それをカバーするかのように、さまざまな「便利さ」も目の前に出現しました。

　私たち現代人は、その「便利さ」にマヒしていないでしょうか?

　仕事では、インターネットや画面を通してどこにいてもリモートワークが行われ、プライベートでレストランに行けば店員との会話がなくロボットが食事を運んでくれるようにもなりました。これまでにはなかった便利さではありますが、人と人との接点が希薄、失われている世の中になってきたと感じています。また、「便利さ」に慣れることで、対人関係をつくるのが苦手になり、ストレスを増やし、心が病むほどの影響が出て、コミュニケーション不足による人間関係の悪化や離職などの大きな社会問題につながっているのではないでしょうか。

　だからと言って、デジタルの便利さを捨て去ってしまっては現代社会において日々の業務を遂行できません。これからも人々は便利さを求め、ますます便利な世の中を追求していくでしょう。便利な世の中が進めば「楽ちん」な生活は避けられません。便利で快適な環境は幸せかもしれません。

　けれど、便利さを追求していく世の中で、人が本来持つ問題解決能力

や生き抜く力がますます損なわれてもいきます。野外研修は便利さの「楽ちん」に対し、人間力を取り戻し共存するための「ワクチン」なのです。

　JOWAの野外研修は自然のなかで、時計を外し、携帯も持たず、仲間と体を動かし、お腹がすいたらご飯を食べ、問題が起きたら仲間と解決策を考え、焚火を囲み、笑って泣いて、鳥のさえずりとともに目を覚ます。自然のなかで人が人らしくあるために、人として「不自然」な状態から「自然」な状態に戻れる研修なのです。

同じ視線で炎の揺らぎを見つめるからこそ、互いの心と心がつながる野外研修ならではのコンテンツ

　社員同士が人間本来の状態に戻り、デジタルを使わず、お互いの心と心がつながるからこそ仲が深まり、その結果、業務が円滑に進み、離職も減っていくのです。

## 人は2日で変わらないが、チームは2日で変わることができる

　講師をされている方のなかに「受講生を講師の考えに変えることが役割」という方がいらっしゃいます。それは時には、受講生の「個性」を潰してしまっている場合があります。

　人が変わるには外部から変えられるのではなく、自分の内面と向き合い、自分自身の選択により意識を変えていくことが大切なプロセスであり、それには多くの時間が必要です。

　それ以前に、そもそも人は1人ひとりが異なった価値観を持つ素晴らしい人材ですので、「その人の、そのままの個性を活かす」というのがJOWAの考えなのです。

JOWAの野外研修の講師陣は、参加者に手取り足取りレクチャーをすることはありません。体験（ワークショップ）を通して自ら気づきを得てもらいます。重要なのは参加者同士が自らの意思で変化することであり、研修はそのきっかけを与える場にすぎないのです。

　そのため、私たちは「教える研修講師」ではなく「司会者、ファシリテーター」という手法に徹しています。想像してみてください。「講師が提供・伝える学習」と「受講生が自ら気づき、発見していく学習」。どちらが、学習成果が高く、自らの力（知識や技術、知恵）となっていくでしょうか。

成功体験が「記憶」に残り「たった２日でチームが変わる」野外研修コンテンツの一例

　そして、野外研修の体験プログラムは、受講企業、チームの改善すべき問題が、露骨に現れます。その問題を自らの言葉で発し、自ら改善していくからこそ、チームがたった２日の野外研修で変わることができるのです。

## 実体験から生み出される成功のロードマップ

　実は、私の職業は役者です。かつて舞台やテレビなどで活躍していましたが、2006年にキャンプ場に併設された劇場の支配人となり活躍のステージを変えました。

　そして、１年後の2007年に倒産のピンチに見舞われ、40名いた社員が一夜にして36名辞め、たった４名で１万2000坪のキャンプ場を運営せざるを得ない状況となりました。

　さらに、１年後、施設はなくなり借金だけが残り、残った４名も施設

を去っていったのでした……。というストーリーになるかと思いきや、皆様の期待を裏切ります。

　スタッフが 4 名になった 1 年後、なんと来場者数が40名で運営していた頃の 2 倍になり、「奇跡のＶ字回復」を果たしました。

　どん底のピンチを救ったのが、役者のノウハウを活かして行った、 1 名のスタッフで何百人もの方々を楽しませることができる「野外での体験型プログラム」だったのです。

　そして、2008年に「奇跡のＶ字回復」を実現した組織の復活劇の実体験をもとにしてこの野外研修が誕生したのです。

　私たちが倒産のピンチを乗り越えた成功のプロセス 1 つひとつの経験全てに「 7 つの習慣」の各習慣が見事に当てはまっていたのです。「研修参加後 1 週間は良かったんだけど……忘れちゃった」ということはありませんか？

　一般的に、「座学研修だけでは定着しにくい」や「体験型研修の場合でも、そこで得られた気づきを日常業務にどう継続的に活かしていくか」という課題があります。野外研修のプログラムでは、得られた気づきを日常に定着させ、持続的な行動変容につながるよう、「アウトドア体験（体感的学び）→セルフワーク（気づき）→グループワーク（共有)」のサイクルを何度も繰り返して理解を深め、効果を実感できるのです。そうして、「このチームだからこそのシナジー」を生み出し、「成功」へのロードマップが描かれ、実体験として「記憶」に残り、それが研修後も「習慣化」していきます。

　私たちが「 7 つの習慣」を実践してきたからこそ伝えられる自然体験から学べる唯一無二の「 7 つの習慣®Outdoor」については、次ページのサイトからご覧ください。

<著者プロフィール>

田中　孝治（たなか　こうじ）

一般社団法人日本野外研修ワークショップ協会（JOWA）代表理事。

1976年生まれ。大阪芸術大学舞台芸術学科を卒業後、映画、テレビ、舞台などに数多く出演。

現在は「倒産寸前のキャンプ場が従業員数10分の1で来場者がなんと2倍に！ 奇跡のV字回復」をもとにした野外研修や、世界的ベストセラー『7つの習慣』とコラボレーションした「7つの習慣®Outdoor」にて1年前に予約が埋まる人気講師として活躍している。

近年は「日本中を笑顔にする」ため、野外研修の実施が可能な提携施設と講師の仲間を増やす活動にも力を注いでいる。著書に『たった2日で組織が変わる！リピート率95％野外研修 人気の秘訣』（セルバ出版）などがある。

[講演・セミナーのテーマ例]

・「役者が伝える、なりたい自分の演じ方～人生の物語は私が主人公～」
・「夢の持ち方、叶え方～未来は自分で変えられる～」
・「スーツを脱いで森へ行こう」（半日～2泊3日の体験型社員研修）
・「7つの習慣®Outdoor」（1泊2日の体験型社員研修）

連絡先（ホームページ、ブログ等のURL）：

ホームページ　https://www.jowa.fun/

メールアドレス　jowa@workshopresort.com

野外研修の詳細情報
ＪＯＷＡ公式サイトより

野外研修の動画集
ＪＯＷＡ公式サイトより

7つの習慣®Outdoor
JTB法人サービスサイトより

※『7つの習慣』は、1989年にスティーブン・R・コヴィー博士により初版が刊行され、またたく間に世界中の人々や組織に影響を与え、変革をもたらしてきたビジネス書の金字塔として現在も評価されている（世界で4000万部、日本国内で250万部を発行）。

1-8

企業が今後も生き抜いていくためにはグローバル競争は避けられない流れだ。それを勝ち抜くためには、優秀なグローバル人材（グローバル・リーダー）を育てる必要がある。
本稿では、グローバル・リーダーとして実践体験が豊富で、かつ、グローバル人材の育成で活躍する著者が、人材育成の秘訣について述べる。

# グローバル人材に必要な能力と
# 能力開発方法

HPOクリエーション株式会社　代表取締役　松井義治

## なぜグローバル人材が必要なのか

　テクノロジーの進化により、ますますグローバル化が加速し、顧客やパートナーだけでなく、競合のグローバル化、さらには、社員のグローバル化も進んでいます。収益の9割以上を海外に頼っている日本の企業ですが、2050年までに人口が9000万人を切ると予想されていますので、業界にかかわらず、日本の会社は国内市場のみにベースを置くとじり貧になっていきます。グローバル市場は課題とともに豊富な機会を提供してくれます。この成長するダイナミックな経済環境で繁栄するためには、会社としては、ビジネス拠点を海外にシフトするほうが賢明であり、そのためには、グローバル環境で組織の成長を牽引できるリーダー、また、人材を育成することが不可欠です。

　海外展開する日本企業は数多くあり、本社で成功を収めた人を海外に送っていることはよくあります。しかし、1つの会社で成功した人が、他の会社では成功できないことがよくあるように、日本のなかでビジネスを成功させた人が、グローバルでビジネスを立ち上げ、収益を伸ば

し、組織を成長させ続けることができるとは限らないのです。

　私は医薬品、消費財、IT、アパレルと４つの異なる業界の欧米グローバル企業で、日本、アジア、グローバル環境でのマーケティング・マネージャーとしてビジネスと組織構築、また、人事／組織開発の長としてリーダー育成、組織変革などをリードする体験を積ませてもらいました。

　本稿では、その体験をもとに、読者の皆さんに、グローバル・リーダーシップを定義付けし、グローバル環境で成功するビジネス・プロフェッショナルに必要な能力と育成のための基本アプローチ、開発方法をご紹介します。

## 成果を出すグローバル・リーダーとは

　多くの日本人が持つ、「忠実に業務を遂行する」、「仲間と協力する」、「誠実な行動を取る」などの素晴らしい特性をグローバルな経済環境で活かすことは大変重要です。ただし、それらの活用だけではグローバル環境で効果的に成果を出すことはできません。

　グローバルで成功するリーダーとは、ダイナミックに変化し続けるグローバル市場において、さまざまな文化的背景を持つメンバーからなる多様なチームを率い、コラボレーションを促進し、他の人を鼓舞し、戦略的かつSDGsに基づいたアプローチで、持続可能な革新を推進しながら、組織に成長と繁栄をもたらしてくれます。つまり、業績面だけでなく、社員１人ひとり、そして、組織全体の成長と変革に貢献する人材です。持続可能な変革と成長を行うためには、当然、継続的に学び、成長し続けながら、倫理的、かつ、SDGsのような社会的責任を果たすような価値観に基づいて誠実に行動する人である必要があります。

　そのようなグローバル・リーダー、また、グローバル人材に必要な能力はさまざまありますが、特に日本人にとって強化すべき能力のトップ３は、以下のようなものです。

1）**変革力**：変化の激しい、不確実で、先行き不透明なVUCA環境で成果を出すには、ある程度のリスクを冒し、メンバーやステークホルダーを率いて、変革を推進・達成する能力が不可欠です。

2）**異文化対応力**：さまざまな文化的背景を持つ人を理解し、受け入れ、自身の在り方や行動をその場で適応させ、そこにある多様な考え方と能力を最大限に活かす能力は組織の成果を高めるために重要です。

3）**戦略的思考**：グローバルな観点から幅広い視野で物事を捉え、成功要因を見つけ出し、戦略を創る能力は、長期的に成果を伸ばし続けるためにはリーダーにとって必要な能力です。

　逆に、グローバル環境に向かない人の特徴は、以下の通りですが、もし皆さんの組織にこのような人がいるのであれば、彼らへの能力開発が必要です。

- **新たなことにオープンでない方**：自分中心で考え、自分の考えに固執し、新たな考えや異なる意見を受け入れない、また、柔軟性のない方；これではイノベーションや成長の機会を逃してしまいます。
- **自己認識に欠ける方**：自分の言動が他にどのような影響を与えているのかを正しく認識しておらず、周りに良くない影響を与えがちな方；これは組織内に不要なストレスを生む原因となります。
- **異文化に適応できない方**：異なる文化に対する感受性に欠ける方；これは、異文化間の効果的なコラボレーションと関係構築を妨げる可能性があります。
- **自己主張できない方**：自分の考えや思い、また、疑問を相手に提示しない方；これでは、周りの考えに流されるだけで、組織に貢献できず、また、組織内の相乗効果を下げてしまいます。

## グローバル・ビジネス・プロフェッショナルの開発の基本アプローチ

　日本企業におけるグローバル教育の基本的内容は、グローバル接点の

多い社員向けの「異文化間対人知識、心構え、スキル」、「欧米人対応型ネゴシエーションやディベート、アサーションなどの個別コミュニケーションスキル」、そして海外赴任者向けには、それらに加えて「現地の文化と職務や生活におけるノウハウ」などです。多くの場合、講義と演習による知識とスキルの向上に重きを置いていますが、実務経験との結びつきは限られています。

対して、外資系企業でよく見られる育成アプローチですが、異文化環境でのコミュニケーションやビジネス推進スキルの学習とともに、異文化環境でのビジネスとリーダー体験、そして、コーチングやメンタリングによるサポートです。私自身も前職P&G時代、台湾人事本部長やアジア地域プロジェクト、そして、グローバル・プロジェクトをリードし、成功させるという体験により、グローバルで通用するリーダーシップを身につけさせてもらいました。

実はこの体験型アプローチは、人の成長の基本原則にかなっているのです。経営者やリーダー育成に関するグローバル・トップ5に入るNPO法人、センター・フォー・クリエイティブ・リーダーシップ（CCL）の調査研究では、私たちの成長の7割は「実際の業務体験」、2割は「コーチングやメンタリング」、そして1割は「研修や学習」により起きていることを証明しています。グローバル人材を開発するには、やはり、グローバル環境でさまざまな文化圏の人たちと業務を行い、彼らをリードしながら成果を出していく体験が一番効果的なのです。

現場でのチャレンジングな体験や失敗を通して、グローバル環境におけるものの考え方、コミュニケーションやコラボレーションの在り方や言動を体で覚えていくのです。新たな能力を習得する時は、知識やスキルだけでなく、マインドや姿勢も成長します。マインドを変え、強化するには原体験が最も効果的です。知識習得に重きを置く、研修や学習が主体では、実際の学びやマインドの変化につながりにくく、頭ではわかっていても、行動が伴わないし、必要な時に実践できないのです。

　また、業務体験以外での有効な能力向上活動として、海外で行われるカンファレンスに参加し、海外の専門家のプレゼンテーションを聞いたり、他の文化圏の方とネットワーキングし、情報共有や意見交換をすることをお勧めします。これは、自身の世界観や知見を広げ、対話力を鍛えるだけでなく、今後のネットワークの拡大にもつながり、プロフェッショナルとしてのさらなる成長を推進してくれます。

　そして、現場で発揮する能力の開発を支援する学習方法も対面ワークショップに加え、オンラインでのワークショップ、必要に応じてジャスト・イン・タイムで行うビデオやVRも活用したオン・デマンド・プログラム、またAIを活用した能力アセスメントなどを融合したブレンディッド・ラーニングにシフトしてきています。

## グローバル・ビジネス・プロフェッショナルに必要な知識

　グローバル教育の内容に関して、これまでの異文化アイスバーグ理論やDIEモデル、欧米型ロジックの学習に加え、心理学、応用社会科学、脳科学に基づくグローバル人材の在り方、考え方、行動を習得させている企業が増えています。特に、脳の働きに関する知識の9割以上はこの十数年の調査研究で解明された新たなものです。脳科学の知識が身につけば、人間の普遍的な感情と行動が理解でき、多文化環境においても何をすべきか、何をすべきでないかが理解できるようになります。

　当然、文化的知識も重要です。前職でも海外赴任する人と海外から来る人に対し、異文化スキル強化ワークショップを提供していました。孫子の兵法ではありませんが、自国の文化を知り、相手の文化を知ることは大切です。例えば、日本人が海外に赴任する際に、受け入れ国の特徴的な価値観と文化、日本との違い、そして、異なる文化の人とのコミュニケーションの取り方とコラボレーションの仕方などを習得してもらっていました。頭の知識で終わらないように、現地の方も交えて、体で言動を学んでいきます。

また、欧米に特化した異文化やコミュニケーションの方法を学ぶだけでなく、ホフステッド等の文化軸理論なども学ぶことにより、国や民族による価値観や行動特性の違い、多文化環境での考え方や協働の仕方とビジネスの進め方も学ぶことができます。例えば、日本特有の集団志向、長期志向、リスクを冒さない、男性主体の文化を持つ日本人が、対局の個人志向、短期志向、リスクを取って新たなことを取り入れていく、多様性に富んだ米国や北欧の文化を持つ人たちと仕事を進める時に何をすべきか、すべきでないかを理解しておくことは、効果的に業務を進めるには重要なことです。

　なお、英語を習得することはそれほど難しいことではありません。英語の習得に時間がかかっている人の話をよく聞きますが、大人の学習の法則と脳科学の学習アプローチを活用すれば、1年もあれば十分に上達し、業務を進めることができるようになります。

| 従来のグローバル人材育成の特徴 | これからのグローバル人材育成の特徴 |
| --- | --- |
| **内容:**<br>●異文化間対人知識と欧米スキル<br>●個別コミュニケーションスキル（プレゼンテーション、アサーション、ネゴシエーション等）<br>**アプローチ:**<br>●クラスルーム・トレーニング主体<br>●専門家による個別教育 | **内容:**<br>●脳科学と社会科学の理論と多文化スキル<br>●実践的ヒューマンスキルとビジネススキル<br>●多文化間での意思決定や協働のモデル<br>**アプローチ:**<br>●現場での実務体験とアクション・ラーニング<br>●AIを含む、融合型ブレンディッド・ラーニング |

　最後になりますが、グローバル競争を勝ち抜くためには、日本企業での人材育成を、業界や企業の規模にかかわらず、「組織の成長のための次世代グローバル・リーダー育成」の一環として位置づけ、よりビジネスと組織力の強化に直結する実践的なものに変革しなければなりません。そして、強いグローバルな企業文化を築くには、グローバル共通の企業理念や価値観、行動原則を全世界の社員が納得し、実践していく慣

習と仕組みを築くことが重要です。

　そのためには、経営陣がグローバル・リーダーシップを身につけ実践することと、そして、人事や人材開発のグローバル化が重要かつ効果的です。

　グローバル・リーダーやビジネス・プロフェッショナルの育成やグローバル文化の醸成、また、英語力強化を効果的に、かつ、着実に行うことにご関心がありましたら、お気軽にご相談ください。

## ＜著者プロフィール＞

松井　義治（まつい　よしはる）

HPOクリエーション株式会社　代表取締役

日本ヴィックスやP&Gで医薬品や消費財のマーケティング・マネジメント歴十余年。後に人事本部教育マネージャー、P&G台湾人事本部長、北東アジア組織開発・教育・採用部長を歴任し、グローバルP&G大学の立ち上げ、人材開発や人事制度の変革、APAC地域のビジネスプロセス変革、組織変革などにより、グローバルにおける次世代リーダーの育成と組織変革に貢献。その後、外資系IT企業、アパレル企業を経て、現職では、中堅から大手企業のグローバル・リーダーの育成、組織変革、営業力強化の支援に貢献中。

著書に『P&Gで学んだ経営戦略としての「儲かる人事」』（CCCメディアハウス）、『会社を成長させる人事制度のつくり方40の秘訣』（セルバ出版）がある。

## ［講演・セミナーのテーマ例］

・グローバル・チームの成果を高める

・グローバル・リーダーシップ　強化の秘訣

・次世代グローバル・リーダーの育成方法

・グローバル競争に勝ち抜く戦略的人事の在り方

## 連絡先（ホームページ、ブログ等のURL）：

ホームページ　http://www.hpo-c.com

メールアドレス　info@hpo-c.com

第 2 章

個々の能力アップや
心身の健康アップが
図れる研修
＜新人・若手・中堅含む全社員向け＞

グローバル化に伴い、国際的な英語の習得は重要性を増すばかりだ。本稿では、外資系企業でエグゼクティブ・管理職を経験し、現在まで英語を40年以上仕事で使用している著者が、誰もが英語を習得できるコツを伝える。

# 語学能力が向上する
# 英語脳のつくり方
## ～グローバルに活躍するための第一歩～

KN Global Consulting Office　代表　中村喜久子（チェリー）

## 海外に出稼ぎに行く日本人が増えている?!

　40年前、「Japan as NO.1」と言われた時代があったことをご存じの方も多いでしょう。当時、日本のGDPはアメリカに次いで世界２位。アジアでは１位でした。ところが、2010年に中国に抜かれて３位に転落。2023年４月に人口で中国を抜き世界１位となったインドの急成長も目覚ましく、IMF（国際通貨基金）は、2027年にはインドが日本や現在４位のドイツを抜くと予測しています。

　バブル崩壊以降の長引く経済不振は「失われた30年」と言われています。この間、日本はすっかり「安い国」になってしまいました。OECDの調査によると、日本人の平均年収（＄39711）は韓国やイタリアよりも低く世界で24位。１位のアメリカ（＄74738）とは倍近くの差があります。より高い賃金を求めて「海外に出稼ぎに行く日本人」も増えています。一昔前は「日本に出稼ぎに来る外国人」が多かったのに、今や立場が逆転しているのです。

## このまま日本語だけ話せればいいのでしょうか？

　このような状況のなか、考えなければならないのは「今後、日本人は日本語だけ話せればいいのか？」ということです。アフターコロナでインバウンドも復活し、外国人とコミュニケーションを取る機会も増えてきています。海外に出稼ぎに行くにも基本的な英会話力は必須です。

　たとえ日本企業に勤めていても、経済や社会のグローバル化が加速するなか、国内だけでビジネスが完結することはありません。海外とのe-mailやリモート会議、情報収集、文書のやり取りなど、英語を使う機会は確実に増えています。

## 英語ができれば高収入につながる可能性があります！

　英語ができるかできないかで、年収が200万円から300万円は違うと言われています。さらに言えば、日常英会話レベルとビジネス英語レベルとでは、年収に280万円の差があるというデータもあります。英語力が出世や入社の条件になっている企業も多いです。ヘッドハンティングされたビジネスパーソンの76％は「ビジネス英語を苦にしない」英語力を有しているという結果も（Daijob.com調べ）。

## 日本人の英語が不得意な理由と「脳」とは関係していた!?

「中・高・大学合わせて約10年も英語を勉強しているにもかかわらず日本人は英語を話せない」とはよく言われるところです。この状況を打開するため、国も小学校から英語を必修化するなど英語教育を強化してきましたが、未だ目覚ましい効果は上がっていません。

　しかし、英語が苦手とされる日本人でも、「書いたり読んだりはできる」、「文法はできる」、「中学英語ならわかる」とよく言われます。

　なぜ、読み書きができて文法も優秀なのに、しゃべれないのか。私はずっと疑問に思っていました。その理由の1つに挙げられるのが、日本

の英語教育はそもそも「知識詰め込み型学問」として始まったため、「読み」「書き」中心となり、「聞く」「話す」力の育成がおろそかになってきたということです。

　これは、最近の研究で明らかになってきた「脳」の働き方と照らし合わせると、大いに納得できます。

　下の図は、脳科学者の勝見祐太氏（ハーバード大学医学大学院神経内科学部講師）が発表しているもので、言語処理に関する脳の各部位の役割を示しています。

## 図　複数の部位を刺激するほど記憶に残りやすい！
## 言語処理に関する主な脳部位の役割

**A:ブローカ野**
言語を組み立てて発話する。

**B:ウェルニッケ野**
耳から入った言語を理解する。

**C: 運動野**
体の筋肉を動かす。

**D:側頭葉（の一部）**
記憶。特に長期記憶を司る。

**E:視覚野**
目から入った情報を処理する。

**F:紡錘状回**
視覚野の延長。文字の意味を理解する。

参考：脳の図と文章の一部　ハーバード大学の脳科学者の勝見祐太氏　「ハーバード大の脳科学者が教える世界一やさしい英語脳のつくりかた」（プレジデント2023.3.17号 President社より）

　図の意味を簡単に説明すると、耳から入った情報を理解する、目から入った情報を処理する、文字の意味を理解する、言葉を組み立てて話す、など、人間の言語処理活動は、脳の異なる部位でそれぞれ行われていて、しかも、それらは単独で働くのではなく、互いに連携し合っている、というのです。

　ですから、誰かと会話している時は、脳のA（ブローカ野）の部位だ

けが働いているわけでなく、Ｂ（ウェルニッケ野）、Ｃ（運動野）、Ｄ（側頭葉の一部）も働いて互いに連携し情報交換をしています。何かを書く時も同様で、Ｅ（視覚野）で目から入った情報を処理し、Ｃで手の筋肉を動かして書く、というように、脳の各部位が連携し合っているのです。

　これを英語学習に当てはめてみましょう。机の前にじっと座って、目だけ、耳だけ使って勉強するよりも、単語を見るだけでなく声に出す、自分の発音を耳で聞く、聞こえた英語を口から発声する、ジェスチャーも加えてみるなど、口、目、耳、手足など体の各部分を同時に使って勉強するほうが記憶に残りやすいです。これは脳の仕組みからも理にかなった学習方法なのです。

## 脳の複数の部位と連携することで英語は総合的にうまくなる!!

　日本人が今までなぜ「話す」「聞く」ことが苦手だったのか。この図を見た瞬間、それは脳のＡ、Ｂの領域を鍛える英語学習をしてこなかったからだと合点がいきました。逆に言えば、脳の各部位をそれぞれ鍛え、連携させるような学習を行えば、日本人も英語が話せて、聞き取れるようになるのです。

　よく「TOEIC®では高得点なのに英語を話せない」という人がいますが、TOEIC®で点数を取れるということは、読解力、単語、文法、リスニング力はあるわけですから、あとは「話す」ところの脳の筋力を訓練していけばいいのです。

　実は、この「脳」の機能を知る7年も前から、私はそれと知らずに脳のさまざまな部位を鍛え連携させる英語教育法を実践してきました。

　その教育法とは、①難しい日本語をやさしい日本語に変換し、中学校レベルの英文に変換（短文）。→②それをネイティブ講師と音読する→③ネイティブ講師が①を音読し、それをシャドーイング（声に出す）する→④③の英文を日本語で言う→⑤再度、④の日本語を空で英語で話す、というもの。

英語を書き、発音し、聞いて話し、日本語にして、また英語で話す、と、まさに脳をフル稼働させます。レベルにもよりますが、多くの生徒さんは、①〜⑤をレッスンで一気にやると、レッスンの終わりには流暢に英語を話せるようになります。生徒さん自身も驚き、大きな自信になり、大変効果が高いことを実感するので、さらに上達したい！と思えるようです。ネイティブ講師とともに私もレッスンに同席し、レベルに合わせて「話す・聞く」のレッスンの難易度をカスタマイズするので、安心とも言われています。

## 学習が続かない人は、具体的な目標を定めましょう

「英語が必要だと理解はしているけれど、学習が続かない」という方も多いでしょう。解決法としては、「英語を身につけてどうしたいか」目標を描くこと。「英語がうまくなりたい」といった漠然としたものではなく、「英語を身につけて収入をアップさせる」、「英語の会議で意見を言えるようになる」、「大きな海外プロジェクトの一員になる」、「日本オフィス側のリーダーになる」など、できるだけ具体的な目標のほうがやる気になれます。

　目標が決まったら、ステップごとに目標を立てましょう。最初から高すぎるハードル（例えば「洋画を字幕なしで理解できる」、「BBCのニュースを全て聞き取れるようになる」など）を設定すると挫折しやすいので、短い文章が聞き取れるようになるところから目標を立て、それを1つひとつクリアしていくといった、スモールステップで進めていきましょう。自分の上達が実感できるとさらにやる気が出てくるはずです。

## 学び始めに早いも遅いもありません

「もう年だから今さら学んでも」とお考えの方、英語をスタートするのに年齢は関係ありません。筋トレと同じように、脳も鍛えれば何歳からでも鍛えられます。

　酒井邦嘉・東京大学大学院総合文化研究科准教授（当時）の研究チームは、「第二言語としての英語の獲得には、学習の開始時期よりも、英語に触れる年数のほうが重要である」ことを実験によって明らかにしました。**つまり、年齢に関係なく、1日短時間でも、毎日コツコツと勉強を続けていくことで、英語力は伸びていくということです。**

　人生100年時代。もう年だからとあきらめることはありません。また、毎日コツコツが続かない方は、伴走者や同じ目標の仲間を持つと継続可能になります。

　脳は、自分を刺激的な生活空間に放り込むことで活性化されると言われます。新しいことにチャレンジし、脳のいろいろな機能を刺激することで老化防止などにもつながります。新しい単語を学んだり、日本語から英語、英語から日本語に変換したりする作業は脳をとても刺激します。英語学習は「脳のアンチエイジング」になるかもしれません。

## ビジネス英語は中学英語レベルで大丈夫！

　「英語は中学以来勉強していない」、「中学英語すら忘れている」という方、どうか安心してください。中学英語には一通りの文法事項が含まれています。日本の中学英語のレベルは皆さんが思っている以上に高いのです。たとえ忘れていても大丈夫。長期記憶を司る側頭葉のなかに保存されています。

　**私のメソッドは、脳のあらゆる部分を駆使して英語を話す、読む、聞く、書く活動をしますから、側頭葉も刺激され、かつて学んだ中学英語が蘇ってきます。**私の英語体験会でも、最初は英語が出てこない人も記憶が蘇ってきて、終わる頃にはかなりスムーズに英語が出てくる方が多いです。

　すでに身についている中学英語に、現在の仕事で使用する専門用語の英語をプラスしていけば、ビジネスで英語を使いこなせる日もそう遠くないでしょう。

私の英語勉強法や体験会（企業向け・個人向け）にご興味のある方はぜひご連絡ください（グループ割引および読者特典あり）。また、海外展開相談も受け付けています。次ページの連絡先をご参照ください。


＜著者プロフィール＞

中村　喜久子（なかむら　きくこ）

KN Global Consulting Office　代表
2000億円企業（執行役員）の孫会社のフランス企業とベンチャーの会社の代表取締役社長やドイツ日本支社副社長を経験（化粧品業界）、アメリカ・ドイツ・フランス外資系企業のメーカーでエグゼクティブ・管理職として合計20年以上勤務、グローバルIT ソフトウエア会社にてIPO経験（総務担当）、英語を40年以上仕事で使用（現役）、アジア（中国・台湾）ビジネス経験・英国国立レスター大学経営大学院　MBA取得。

上記の経験から日本でのグローバルビジネスパーソンを育成するためのビジネス英語研修、MBAマーケティング研修、海外展開コンサル付きリサーチ・マーケティング研修、また自らが男性企業社会のなかで幹部として経験したことから、日本社会での女性進出が欧米よりかなり後れているため、「女性活躍推進の研修」も近年実施し、女性の活躍を応援している（助成金・補助金申請 最高75％免除可能）。

[講演・セミナーのテーマ例]
・ビジネス英語研修（中級TOEIC®700点以上）
・英語プレゼンセミナー
・海外展開リサーチ・マーケティングセミナー
・MBAマーケティングセミナー
・部下に女性社員がいる上司セミナー（DE＆Iセミナー）
・次世代女性リーダー育成セミナー
・女性社員イキイキセミナー
・新規事業（計画書作成）セミナー、等

連絡先（ホームページ、ブログ等のURL）：

ホームページ　http://cherryglobal.net/kn-global/

メールアドレス　info@knglobal.jp

## 会社のホームページ

【法人向け】info@knglobal.jp

●企業向け英語体験会や海外展開相談・研修など問い合わせ

●海外展開相談：30分無料コンサル（通常20000円）

問い合わせメール

【個人向け】

ビジネス英語体験会

●体験会をご希望でしたら、「チェリー式世界一やさしいビジネス英語上達法　体験会」

https://cherryglobalenglish.com/

読者特典：（個人向け）体験会 通常12000円（２時間）⇒4000円（特典価格67％OFF）でお申し込み可能。

【個人向け】

●まずは「世界一やさしいビジネス英語上達法」

７日間無料レッスン付きメール講座にご登録ください。

http://cherryglobal.net/step/

これまでに約５万人が受講し、劇的に記憶力が高まり、それが自信や自己肯定感を高め、人生が変わるきっかけを創造してきた「アクティブ・ブレインプログラム」。本稿では、同プログラムの企画・開発と普及活動に第一人者として携わる著者が、記憶力の向上がもたらす効果について説明する。

# 圧倒的な自信を獲得する
# アクティブ・ブレインプログラム

一般社団法人アクティブ・ブレイン協会　理事長　澤村比呂志

## 「自信」が全ての能力を加速させる

　これまで私は人材育成の研修を通じて多くの人と出会ってきましたが、自分に対する確固たる自信を持っている人はそれほど多くはなく、ほとんどの人は、何かしらの自分のマイナス面を見ては「無理だ」、「できない」と自信を持てないままでいます。そして、この**自信の程度によって、ビジネスにおける成果や対人関係の良し悪しまでもが大きく違ってくる**ことを日々実感しています。というのは、なかなか自信を持てなかった人が、私の研修（アクティブ・ブレインプログラム）を受講したことで圧倒的な自信を獲得し、その後の人生を大きく切り拓いていく姿を数多く目の当たりにしてきたからです。

　ここで言う自信とは、何かに取り組んだ時に必ずできる！という確信を意味するものではありません。『**自らを信じる力**』のことを指しています。目の前の目的を完遂できるかどうか迷った時に、すぐに「無理！」と言わず、まずは「やってみよう！」と前に進んでいける力のことです。そして、たとえうまくいかなかったとしても、その経験のなか

から自分の成長につながる手応えを見つけ出せる力とも言えます。

　そもそも自信が持てない理由は人それぞれですが、大きく 2 つに分けられます。

　1 つは、学生時代に勉強ができなかったことや失敗体験の積み重ね、あるいは年齢による能力の衰えを実感することによるものですが、これらはいずれも自分に能力がないから起こる出来事なんだという、自己評価によって自己効力感を低下させるというものです。

　もう 1 つは自己評価ではなく、身近な誰かの言葉によって「能力のない自分」が刷り込まれるケースです。「君には無理！」、「ダメな奴だなぁ」ということを言われても、全て聞き流せば良いのですが、その言葉が心の奥に刺さったまま抜けないこともあるわけです。そうした他者から受ける言葉などによって自己肯定感が低下するというものです。

　このように、自己効力感は自分が目標を達成するために必要な能力やスキルを持っているという信念であり、一方の自己肯定感は自分自身を受け入れ、自分は価値ある存在であると感じることです。これらの要素が相互に働き合ってできあがるのが本物の自信です。その自信を持つ人材は、自分自身に対する信頼が高く、新しいことにチャレンジする勇気が湧きます。そして、失敗してもすぐに立ち上がり、再び挑戦することができます。こうしたことから、変化が著しい社会環境に適応していくための**さまざまなスキルも、この自信が心理的下支えとなってこそ機能していく**と言えるでしょう。

## 自分史上最大の記憶体験を味わう

　そこで、自信を低下させる捉え方や過去の記憶を、完全に塗り替えることができるのがアクティブ・ブレインプログラムです。これまで約 5 万人が受講し、記憶力を高める脳のメカニズムを学び、劇的に記憶力を高めてきました。初めは全くできなかった記憶が、研修を終える頃には何百個もの単語を覚えられてしまうという自分史上最大の記憶体験を誰

もが味わいます。

　ここで身につける記憶の技術は、資格取得の勉強や名前を覚えること、あるいは業務スキルを習得する等に大いに役立つ技術ですが、それ以上の意義を持っています。それは、学生時代に勉強ができたかどうかに関係なく、年齢も全く関係なく、**驚異的な記憶能力を発揮できたという事実によって、自分に素晴らしい脳力があることを実感せざるを得ない強烈な体験になる**ということです。

　心理学者カール・シーショアが「人間の記憶力は生まれ持ったもののうち、せいぜい10％しか使われていない。あとの90％は脳の働きに背くことで無駄にされている」と言っているように、一般教育のなかでは、記憶力を存分に発揮する『脳の使い方』を学ぶ機会がないため、受講される誰もが想像を超える脳力を体感していくことになります。

　現在知られる記憶法の元は、2500年前ギリシャ時代の賢人たちが使っていたテクニックが起源となり派生したものです。そして、記憶術に関する情報も数多くありますが、書籍を読んだり話を聞いただけでは、なかなか習得できるものではありません。あくまでも実践のトレーニングを踏まえてこそ習得できる脳内技術なのです。したがって、全員をゴールに導くためにアクティブ・ブレインプログラムはライブ研修にこだわっています。

　だからこそ、受講された方々からは、「こんなにもすごい力が自分のなかにあったことを経験し、これまでに感じたことのない大きな自信が持てた」、「自分の可能性をハッキリと実感し、未来が楽しみになった」という、共通する感想を聞くことができています。しかも、これらの感想は気分的な高揚感によるものではなく、事実に基づく根拠のあるものなのです。記憶力が格段に高まる背景には、私たち人間の脳に備わっている記憶システムを引き出す脳の動かし方を、実践的にトレーニングするプロセスがあるのです。

## 総合的な脳力開発によって人材が変わる

　ところで、**記憶力というのは、実は単一の脳力ではなく、集中力・発想力・イメージ力などの相互作用によって生み出される脳力**なのです。したがって、記憶力を高めるトレーニングではこうしたさまざまな脳力が同時に鍛えられることになります。

　例えば、発想力という言葉は誰でも知っています。そして、発想力というのは記憶に限らず、ビジネスシーンで課題や問題にぶつかった時に、どう解決したら良いかの答えを導くうえでも重要な要素だということもわかっています。しかし、それを具体的に鍛えていく手段を持ち、実践している人は少ないのではないでしょうか。ですから、研修のなかでも、初めはそれぞれの限られた固定観念の範囲内の発想にとどまっていますが、やがてトレーニングをしていくうちにしなやかに発想が広がっていき、「〜でなければならない」、「〜あるべき」の枠が外れていくのです。それが結果として記憶する力を高めていくことにつながっていきます。

　このように、脳の使い方がより良く癖づいていくと、今までは無理だと思っていたことが無理ではないと感じるようになっていきます。**自分が勝手に決めていた限界は、実は限界ではないと脳が反応し、積極的にチャレンジできる**ようになるというわけです。

　机上教育の場合、頭で理解するレベルで終わってしまう可能性があり、実務的には使えないということも起こりがちですが、実際にできるというレベルに到達する実践教育において、確かにできたという事実を作り出すことに大きな意味があります。さらに、その過程でやり抜く力や論理的思考力も養われていくというおまけ付きです。こうしてみると、**記憶力を高める脳の使い方を学ぶことが、実は総合的な脳力開発になっている**ということがわかるのではないでしょうか。

　そもそも脳は記憶だけではなく、仕事や対人関係など人生の全てにおいて働く重要な器官ですから、その脳を鍛えること、つまり脳の上手な

使い方を知ることは、ビジネスにおける人材育成に欠かせないことだと言えます。

　例えば、こんな人材に仕事を任せられるでしょうか？

　いつも不満や愚痴など悲観的なことばかりを口にして、目の前の事柄に関心も持たなければ集中もしない……、夢もなく、持っていたとしても手が届きそうになければ、１回の失敗ですぐに諦めてしまう……、ちゃんと理解しないまま放ったらかし……。これでは仕事も対人関係もうまくいくわけがありません。

　しかし、私たちはうっかりしているとこのような状態になってしまう可能性があります。なぜかと言うと、フランスの哲学者アランが『悲観は気分によるものであり、楽観は意志によるものである』と言っているように、意志を持って意識的に制御していかなければ、悲観的思考に侵食されてしまうのも脳の動き方だからです。

## 上手な脳の使い方

こうしたことから、研修では脳をしつけることを徹底していきますが、漠然とした概念で終わらないように、「６つのポイント」（次ページ）について明確に言語学習し、行動レベルでどうすべきかを意識してもらうようにしています。そのうえで、本当に意識され実践できているかどうかがトレーニングの成果に現れ

て視覚化できることも、この研修の特徴と言えるでしょう。このように、思考の在り方をしつけ直し、感情を制御し、実践することがセットされたプログラムなので、実践的に活かせる上手な脳の使い方になっていくのです。

　自らの可能性を開く心の扉のドアノブは、内側にしか存在しておらず、他者が心の扉を開いてくれるわけではありません。あくまでも自分で開く以外にありません。そのためには根拠が必要です。できなかったことができるようになるとか、挑戦した先に達成できたという突破体験が必要なのです。これまでの自分を超える体験です。そんな突破体験には必ず心が大きく動くものがあります。単に経験すれば人が育つというわけではありません。『経験するなかで得られる感情や思考体験』こそが人としての器を作っていくのです。

　こうしたことから、アクティブ・ブレインプログラムは単なる記憶技法ではなく、人間学を融合させたプログラムとして、人材の持つ潜在能力を最大限に引き出し、主体的に挑戦する人材を育成するのに最適な研修プログラムなのです。

## 《脳をうまく使う６つのポイント》

1．プラスの意識
2．好奇心と集中
3．イメージと感受性
4．目的とビジョン
5．反復
6．本当の理解

<著者プロフィール>

澤村　比呂志（さわむら　ひろし）

一般社団法人アクティブ・ブレイン協会　理事長
ラッキーブレインズ株式会社　代表取締役
海風診療所　嘱託心理カウンセラー
NPO法人日本プライマリーケア推進協会　理事

**「脳の上手な使い方」**をテーマとしたさまざまな人材育成
プログラムで、企業や地域団体・学校等で能力開発研修
や講演活動を行っている。
　特に、強烈な記憶能力を養成し、個人や組織のパフォー
マンスを一気に高めるアクティブ・ブレインプログラムは効果抜群にして大好評！
業績向上、資格取得、学力向上に大きな影響をもたらすことはもちろんであるばかり
か、その突破体験は**自己効力感・自己肯定感**を高め、人生の転換期となったとの評価も
多く、大きく注目されている。

[**講演・セミナーのテーマ例**]

・超記憶力アクティブ・ブレインプログラム
・人を動かすスピーキングテクニック講座
・ビジネスを加速させるリーダーシップ研修
・組織構築に必須のコミュニケーション研修
・問題・課題解決プログラム
・集中力加速プログラム
・失敗しない採用のためのパーフェクト面接講座
・論理的理解力養成講座
など。
講演：ご要望に対応

**連絡先**（ホームページ、ブログ等のURL）：

ホームページ　https://www.activebrain.or.jp/

組織のなかで個々人の能力を最大限に活かすためには、個々の資質や才能を互いに知ることが不可欠。本稿では、自分と周囲の人の資質や才能を知るために、4500年の歴史を持つ統計学（占星術）をベースに著者が独自に研究開発した「キャリアデザイン占星学®」の活用法を伝える。

# 資質や才能を知り、組織で磨き、人生に転換するキャリアプログラム
## ～キャリアデザイン占星学®～

キャリアデザインPLUS　代表　北森恵美子

　この聞き慣れないキャリアデザイン占星学®をご覧いただきありがとうございます。

　私はキャリアデザイン（人生設計）するにあたって「個人が持って生まれた資質や才能を知って、磨くこと」が最もパフォーマンスを発揮でき、人の役にも立ち、自分らしく生きる方法だと思い、キャリアデザイン占星学®メソッドを開発し、実用新案（特許）を取得しました。個人向けには「キャリアデザインはもっと楽しい！」をコンセプトに起業スクールを立ち上げ、組織向けには、「個人と組織の新しいwin-winの関係作り」を目指し、資質を最大限活かせる教育体系のご提案、研修、採用にも関わらせていただき、日々活動しております。

## 個人と組織の在り方が変わる変換期

　私は20年近くキャリア開発や組織開発に関わっています。2023年、1991年のバブル崩壊から30年ほどの間、時代から影響を受け、個人と組織に関する施策が生まれてきましたが、今ほど本質的な変容期ではな

かったように思います。

　今、私が感じていることと言えば、まさに個人と組織との在り方が変わる大きめの転換期だということです。

　それを後押ししたのは、新型コロナウイルスによる影響が大きく、価値観、コミュニケーション、仕事のスタイル、全てを変えてしまうほどでした。3年間、その間にオンライン化が進み在宅ワークが根づき、AI技術の活用も格段にスピードアップしました。

　このような予測不可能で、変動が激しく、正解がない時代、既存の価値観やビジネスモデルが通用しない時代のことを人事用語としては、VUCAの時代※といい、占星学用語では風の時代といいます（この風の時代は、約200年ぶりに切り替わりが起きたのです。風の時代は2021年から2249年、およそ200年後まで続きます。2024年末からが本番なので、今は過渡期なのです）。


　そんななかで、働く個人と組織にも大きな変化が訪れました。

　簡単に言うと、組織と個人との間に距離が空いてきたように思います。もちろん、バブル崩壊後、2000年代にはキャリアの自立を促す組織に対して、個人も自分に力をつけようと専門性を磨き、転職によってキャリアアップや自己実現を図る人が増えましたが、その時とはまた違う変化です。

　目指す組織に選んでもらえるように強みを明確にし、別の組織に転職するという形で叶えていく、というやり方から、仕事内容も働き方も自分流に作るという起業や副業も選択肢に入り、本当の自分らしさを見つけ、磨く経験を求める「自分軸の価値観」を中心に「楽しさ」や「幸福感」を重要視する時代になりつつあります。

　また、求めるものは、利益最優先というわけではなく、社会貢献意識や利他への想いが強いことも特徴です。

　働くスタイルも同じ目的や志を持った他者とコラボレーション（協

90

業）していくというチーム性を重視する価値観も強くあるように感じます。

※VUCAの時代：「Volatility（変動性）」、「Uncertainty（不確実性）」、「Complexity（複雑性）」、「Ambiguity（曖昧性）」の頭文字をとったもので、不確実な状況や複雑な問題に直面している時代を指す。

## 世代別の仕事観のギャップ

　仕事観については、それぞれ生きてきた時代背景が異なるので、違って当然ですが、現在管理職をしている40代以降はバブル世代や就職氷河期世代と呼ばれる世代で、会社と仕事がイコールであったり、仕事とは大変なもの、向いていなくても頑張る、という仕事観を無意識に持っていることが多いのが特徴です。

　現在20代の自分らしさや自分軸を重視する世代の感覚とは違いすぎており、育成やマネジメントがやりにくい状況を作っています。

　そんな仕事価値観を持つ若い世代や個人をやる気にさせ、チームを活性化し、生産性を上げ、経営計画を達成するにはどうしたら良いのか？

　そんな自分軸で生きたいと思う個人にとっても、組織にとってもメリットのある教育施策や研修とはどんなものか？ということを試行錯誤した結果、行き着いたのが、「自分の持って生まれた資質や才能を知り、その力を組織内で磨き、人生にも転換できる資質診断型のキャリアデザインプログラム」でした。

## 無自覚な「持って生まれた資質や才能」を知り、活かす（磨く）

　人は持って生まれた資質や才能を使って仕事をしている時ほど、楽しく、成果が出ることはありません。資質とは、「自分が自然にできることで人からほめられること」、「やっていて気づいたら時間が経っていて、明日もやりたいと思うこと」で、これらはその人の才能（ギフテッド）であることが多いのです。

私自身も新卒で入った都市銀行時代には資質に合った仕事ができていなかったので、大した評価もされず、仕事の楽しさを知らずにいましたが、「人の話を聞くこと」という資質が、転職した人材業界で大きく開花し、最高に評価された経験があり、この道に進もうと決めました。

　資質を見出すことはキャリア全体に大きな影響を及ぼすにもかかわらず、資質や才能は当人にとっては当たり前すぎて、「自分では無自覚」なケースが多いのです。

　この無自覚を意識し、「持って生まれた本当の資質や才能を知って、仕事のなかで使っていくこと（＝磨いていくこと）」は、自分の才能を開花させることにつながり、自分の才能を伸ばしているという実感は満足感や幸福感にもつながるため、個人にとって人生にとっても、キャリアにとっても大変メリットのあることです。

　そして組織においても、資質や才能に合った適材適所の配置を行い、パフォーマンスを発揮する社員が増えることは、生産性の向上や競争力の強化から組織力の向上につながっていきます。

　この資質を開花させるキャリアデザイン占星学®を用いた資質診断型育成プログラムについて少し詳しくお伝えさせていただきたいと思います。

## 資質診断型キャリアプログラムの３つの特徴

「資質や才能を知って、所属組織で磨いて、人生に転換する」をコンセプトにしていますが、研修実施時のポイントについて簡単にお伝えします。

① 従来のキャリアデザイン研修をブラッシュアップした内容であるということ。一般的な組織内キャリアデザイン研修は自己理解、環境理解、将来設計の３つから構成されています。いずれも大切な要素ですが、これからの時代は、「会社が用意するキャリア」よりも、

「自分で選んでいくこと」がキャリアに必要となるため、自分にとって最適なことを選ぶためにもまずは自己理解が一番大切だと考えています。

この自己理解の方法は、3つの視点から多面的に行うことが効果的です。

これは自己理解や対人関係開発に使われる「ジョハリの窓」の理論に当てはまり（1．自分が知っている自分、2．他者が知っている自分　3．自分も他者も気づいていない自分）、この3番目の「自分も他者も気づいていない自分」の未知の窓を知ること、アセスメントツールを使用して自分の潜在傾向を知ることに加え、持って生まれた資質才能診断によって、未知の窓をさらに大きくすることができ、個人の可能性が広がることになるのです。

② 資質診断型のキャリア研修は、個別フィードバックと研修の融合で実施します。

事前に資質才能診断レポートを作成し、社員に個別にフィードバックとキャリアコーチングを実施します。どのような職種であっても、「企画、構築、実行、管理」の4つの象限から成り立つことが多いので、どの資質が高く、その組織のなかでどのような経験を積み磨くことで資質や才能が伸ばせるのかのレポーティングを行います。組織側には全体レポートを作成し、資質や才能に応じた配置や育成のプランニングのご提案も行います。

③ 研修内では、参加者同士が自分の資質才能診断レポートを共有し、フィードバックを受けて、どう感じたのか、どうなりたいのか？①の「ジョハリの窓」で言うと、「他者が知っている自分」を知り、お互いのキャリアプランについても話し合います。

1日の研修だけで終わってしまうようなプログラムではなく、継続

的に仲間の成長や幸せに関わり合い、相互支援していくことが目標なので、「自分の才能を知り、活かすきっかけと方向づけをする最初の場」と位置づけています。

## なぜアセスメントとして占星学を用いるのか？

　ここでこの資質才能診断とはどうやって分析していくのかの手法についてお伝えしたいと思います。

　自己理解のためのさまざまなアセスメントはありますが、質問項目に答えるのは本人であるため主観になることが否めない、また、どうしても経験値によって左右されやすいという点があり、価値観や志向性を見るには有効ですが、ポテンシャル、資質や才能を見るには不十分ではないかと感じていました。

　そこで、持って生まれた資質や才能を見るには、生年月日を使う占星学が有効だと考えました（もちろんケースによっては両方を使用することもあります）。

　占星学は、一般的に占いと言われ、星座占いや星読みとして使われることが多いのですが、これは楽しむために簡易的に作られたものです。本来の占星学は4500年の歴史を持った統計学で、人を読み解くために大変有効で論理的なツールです。また占星学には、先天運と後天運があり、一般的に後天運を知りたくて占うのですが、先天運は持って生まれた資質や才能を見るもの、生涯変わらないものとして使います。私は小学校時代からライフワークとして数百人を見ていますが、持って生まれている個性には、驚くほど本質的で精緻な結果を示します。

## チームビルディングや、ダイバーシティ＆インクルージョンの取り組みにも効果的

　この資質診断型キャリアプログラムは、社員本人の自分軸を作ることや、キャリア形成にも有効ですが、社員同士、参加者同士が相互の資質を開花するために支援し合うチームビルディングとしても有効です。

「自分に資質や才能があるように、他者にも必ず持って生まれている素晴らしい資質や才能がある」、これを引き出すことは上司だけができることではありません。メンバー同士がお互いを支援し、刺激を受けながら、才能を開花させようという双方の気持ちと、その気持ちを醸成する関わり合いの仕組みを作ることで叶っていきます。

　組織風土の変革に取り組む企業様も多いですが、ダイバーシティ＆インクルージョンの定義の「多様な人財がこの能力を最大限に発揮できる機会を持つことで活かされ、イノベーションを生み出し、価値創造につながっている状態」を実現できる方法の１つでもあると考えています。ダイバーシティ研修に資質診断型を入れていただくと、個人の資質のバラエティの豊かさに気づき、違いからシナジーが生まれ、本当の持ち味を融合してビジネスを生み出していくという、これまでとは違ったアプローチでのダイバーシティ推進や、組織と個人を近づける方法の１つになり得るのではないかと考えます。

　自分の資質や才能を自分と周囲が知り、お互いが相互支援することにより、所属組織への感謝も強くなります。
　この研修プログラムを通じ、個人の求める満足感や幸福感と組織との間の乖離が少なくなり、組織と個人の成長と幸せを両立するための支援ができるとしたら、このうえなく嬉しく思います。
　最後までお読みいただきありがとうございました。

<著者プロフィール>

北森　恵美子（きたもり　えみこ）

キャリアデザインPLUS　代表
産業カウンセラー、国家資格キャリアコンサルタント、
キャリアコーチ
大学卒業後、都市銀行に入行。その後、大手人材総合会
社3社で就職支援や採用代行経験を積む。大学生から役
職定年者までキャリアコンサルティング経験は1万人以
上。人事コンサルタントとして大手企業の人材施策のプ
ロジェクトに多数参画。2020年にキャリアデザイン占星
学®のオリジナル手法を開発し、実用新案を取得。現在は
起業スクールの運営および経営者や人事向けにキャリア研修、ダイバーシティ研修、適
材適所の採用プログラム「ベストアンサー」を提供している。
著書に『自分の生き方・働き方を見つけたい人のためのライフ＆キャリアデザイン占星
学』（ギャラクシーブックス）がある。

[講演・セミナーのテーマ例]
・資質診断型キャリアデザインセミナー　才能と資質を強みに変換する
・キャリアデザイン占星学セミナー　時間や場所にとらわれない働き方
・キャリアデザイン占星学セミナー　資質・才能診断士になる方法
・キャリアデザイン＆就活セミナー　運気を味方につけて就職活動を成功させるための
　方法

連絡先（ホームページ、ブログのURL）：
・法人向け：キャリアデザイン占星学®　ビジネス版
　https://career-design.info/business/
・個人向け：キャリアデザインスクール（副業、起業スクール）
　https://career-design.info

2-4

働く女性にはヘルスリテラシーが不可欠。企業が女性支援を行う際に取り組むべきはヘルスリテラシーを高めること。本稿では、第一線で女性のヘルスリテラシーに取り組んでいる著者が、企業が女性の健康支援を行う際の具体的な取り組み方について解説する。

# 女性の活躍推進、健康経営には欠かせない女性のヘルスリテラシー

株式会社ジョコネ。　代表取締役　北 奈央子

## なぜ女性の活躍にはヘルスリテラシーが必要なのか？

　女性の活躍が推進され、妊娠、出産、子育て、介護などのライフイベントを経験しながら女性が働き続けるようになりました。女性の年齢階級別労働力率のグラフを見ても、かつては「M字カーブ」と呼ばれて20代後半〜30代に落ち込みが見られていたものが近年ではほとんど落ち込みが見られません[*1]。

　一方で、女性は働いている間にさまざまな健康課題に直面します。

　働き始める時には毎月生理を経験していますし、40代後半からは更年期に突入し、自分の身体やメンタルが自分でもコントロールしにくい時期がやってきます。働いている間には女性特有のがんが2つも罹患ピークを迎えます。20代後半からの働き盛りの世代を襲うのは子宮頸がんで、40代からは日本人女性の9人に1人が一生のうちに罹患すると言われる乳がんの罹患ピークに入ります。子宮頸がんも乳がんも検診が確立されており、早く発見すれば治るようになってきました。つまり、

## 仕事に影響しやすい女性の健康課題

### 女性ホルモン

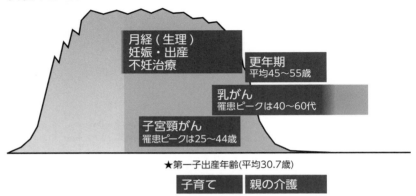

月経（生理）
妊娠・出産
不妊治療

更年期
平均45〜55歳

乳がん
罹患ピークは40〜60代

子宮頸がん
罹患ピークは25〜44歳

★第一子出産年齢(平均30.7歳)

子育て　　親の介護

©2022 Joconne co., Ltd

がんの治療をしながら働き続ける女性が増えているということです。また、妊娠、出産ももちろんありますが、近年は不妊治療も特に仕事との両立において大変であると注目されています。このように働いている間にいろいろな健康課題に直面しやすい、これが女性と言えるのです。

## 女性特有の健康課題が社会の課題に

　健康管理は個人の問題かというと、最近はそうではなくなってきました。経済産業省が健康経営銘柄を打ち出し、今では就職活動をする学生の１つの大きな指標になっています。2018年からは、健康経営の取り組みのなかに女性の健康支援の取り組みも組み込まれました。その背景には、女性の活躍が進んできたことに加えて、さきほど述べたような女性の健康課題が女性従業員のパフォーマンスに想像以上の影響を及ぼし、これにより大きな社会経済的負担が起きていることがわかってきたからです。

　例えば、女性が毎月当たり前に経験している生理でも、その症状が仕

事のパフォーマンスに影響しています。生理の症状も人それぞれではあるものの、症状が最も強い日の仕事のパフォーマンスは、調子がいい日と比べて半分以下となる女性が45％もいるというデータがあります[2]。これが毎月繰り返されることで大きなインパクトとなり、日本国内で年間5000億円弱の労働損失が起きているという試算も出ています[3]。

**毎月の月経による経済的損失**
年間で6828億円、その内労働損失は72％を占める[3]

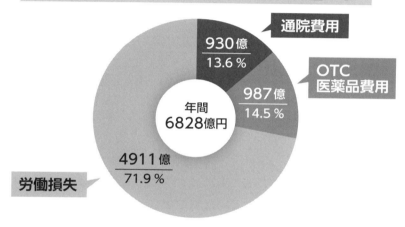

そして更年期も大きな課題です。特に、女性管理職比率を増やしていくためには避けては通れない課題となっています。更年期とは、閉経（平均約50歳）の前後5年間、計10年間をいい、多くの女性は40代半ば〜50代半ばに経験します。そして更年期の症状も生理と同様、仕事のパフォーマンスに影響を及ぼしており、症状が強い日の仕事のパフォーマンスが半分以下と回答した女性が46％というデータもあります[2]。生理と同じくらいのインパクトを持ちますが、異なるのは、更年期は人によっては数カ月、または数年の単位でつらい時期が続き、中期的にインパクトするという点です。これにより、ある調査では、更年期症状で昇

進の打診を辞退したことがあると回答した女性が半分にも上っていました。

## 意外と女性自身も知らない女性の健康のこと

　最近は管理職向けの女性の健康セミナーの機会をいただくことが増えてきました。そのなかでいただくコメントとして多かったのは、「女性自身は自分の身体のことを知っていると思っていた」、「つらかったら婦人科に行けばいいのに」というものです。いずれも男性から見れば当たり前と思えることかもしれませんが、多くの日本の女性は十分な教育を受けず、そして生理は公に話さないものと教わってきました。「生理の貧困」という言葉が数年前から注目を集めていますが、それは経済的な問題だけではありません。知識を十分持って、対応行動が取れるようになっていないのが日本の女性です。

　日本の学校の健康教育と言えば、保健の授業ですが、多くの女性は生理が始まる小学校中学年から高学年の時期にナプキンの使い方を教わったのみではないでしょうか。生理の症状にどんなものがあり、その対応方法や、いずれくる更年期のことについては教わっていません。また、婦人科は女性にとって行きにくい診療科の1つで、相談先としてかかりつけの婦人科を持っている女性はわずかです。

　生理や更年期などの女性特有の不調は対応策がないのかというと、そんなことはありません。いずれも薬もありますし、薬以外の選択肢も「フェムテック」の広がりに伴って増えてきています。ただ、教育をしっかり受けておらず、かかりつけの婦人科を持っている女性が少なく、そもそも人と話すことがあまり良しとされていない状況で、情報が少なく、有効な選択肢を知らない女性が多いのが現状です。

　ヘルスリテラシーとは、「健康を決める力」とも呼ばれ、医療や健康

の情報を入手し、理解し、真偽や必要性を判断し、そして実際に行動するまでを含む概念です。実は研究結果から、日本人はヘルスリテラシーが低いことがわかっています[*4]。教育水準が高いため、理解まではできるものの、判断して行動することが苦手なのが日本人です。女性のヘルスリテラシーを測定するための尺度の開発もされていますが、ヘルスリテラシーのある女性は、ない女性と比べて対応行動がとれており、生理の症状による仕事のパフォーマンスへの影響は少なく抑えられています[*2]。一歩踏み出せば対応策はあり、情報を得て行動できれば改善されることも多くあると思います。

## ヘルスリテラシーには環境も重要

　企業内で研修をさせていただいた際によくいただくコメントとして、女性従業員からは「知識はついたけど、結局誰にどう相談していいのかわかりません」といったもの、そして男性管理職からは「セクハラにもなりそうなので、気になっても聞けない」という内容があり、双方にらみ合いになっている様子がうかがえます。ヘルスリテラシーは、行動までを含む考え方であり、実際に行動できる環境もとても大切です。

　企業に女性の健康支援でまずは取り組むべきこととして、①相談窓口の設置、②ヘルスリテラシーの向上、③フレキシブルに働ける制度づくりが挙げられています。

① 日本ではまだまだ上司の多くが男性という女性従業員も多く、なかなか相談できないという声を聞きます。また、たとえ上司が女性でも、その上司の生理の症状が軽い場合にはやはり相談が難しい状況になります。さらに、人事や産業医・産業保健師には、キャリアに影響しそうで相談できないという声も聞こえてきます。安心して相談ができ、一緒に対応策を考えられるような第三者の相談先があるとよりいいですね。

② 社内でのセミナーの機会を設定するなど、知識を得られる場を提供していくのは良い取り組みだと思います。その際にはぜひ女性従業員だけではなく、周囲の男性従業員や管理職にも同席いただいて、みんなが同じ知識を持っているようにしていただけると、その先の相談のしやすさに違いが出てきます。

③ フレキシブルに働ける制度作りとしては、テレワークや時間休もそうですし、カバーし合えるチーム作りも有効です。また、制度はぜひ、実際に使いやすい設計をしていただきたいです。日本は法律で生理休暇の設定が定められている珍しい国ですが、その取得率は1％未満[*5]です。無給休暇として設定している企業もありますが、有給休暇だとしても、生理と申告して取得するのは気まずいといって取得していなかったり、そもそも認識していないという声をよく聞きます。

　チーム内の相談のしやすさには特効薬はありません。そのチームのもともとの文化や人間関係が土台です。熱があっても働くことが美徳の文化では、より話しにくいであろう生理や更年期の症状で「休みます」、「在宅ワークします」とはとても言えません。これまでは仕事を最優先にできる人のみが活躍できる社会でしたが、これからはダイバーシティの時代です。性別だけでなく、障害や病気を持っていても、家庭の事情がある方でも、その人らしく貢献でき、活躍できるそんな会社を皆さんでつくっていきましょう。そして私にそのお手伝いができれば幸甚です。

[*1] 内閣府　男女共同参画白書 令和4年版 全体版（HTML形式）　https://www.gender.go.jp/about_danjo/whitepaper/r04/zentai/index.html
[*2] 日本医療政策機構　働く女性の健康増進調査 2018　https://hgpi.org/wp-content/uploads/1b0a5e05061baa3441756a25b2a4786c.pdf
[*3] Tanaka E, Momoeda M, Osuga Y, Rossi B, Nomoto K, Hayakawa M, Kokubo K, Wang EC. Burden of menstrual symptoms in Japanese women: results from a survey-based study. J Med Econ. 2013 Nov;16(11):1255-66.

[*4] Nakayama K, et al. Comprehensive health literacy in Japan is lower than in Europe: a validated Japanese-language assessment of health literacy. BMC Public Health. 2015 May 23;15:505

[*5] 令和2年度雇用均等基本調査　https://www.mhlw.go.jp/toukei/list/71-r02.html

＜著者プロフィール＞

北　奈央子（きた　なおこ）

株式会社ジョコネ。代表取締役
NPO法人女性医療ネットワーク　理事
早稲田大学理工学部卒業・修了（工学修士）

愛知県豊橋市出身、会社員時代は外資系医療機器メーカーのマーケティングとして新製品や新治療の上市にも携わる。その後、女性のヘルスリテラシーをライフワークとして研究・活動を行い、そのなかで気づいた「言いづらい」、「行動しづらい」女性の健康の悩みを解決に結び

つけるために株式会社ジョコネ。を設立。2018年夏に出産し、子育てにも奮闘中。メノポーズカウンセラー、女性の健康推進員、女性の健康総合アドバイザー。
著書に『女性がイキイキと働き続けるためのヘルスリテラシー』（セルバ出版）がある。

［講演・セミナーのテーマ例］

・「なんとなく不調」続いていませんか？　女性ホルモンを知ってベストパフォーマンスの自分へ
・ヒトゴトじゃない！　働く女性を襲うがんとその対策
・女性がもっと働き続けたいと思える職場へ　「女性の健康課題」と向き合う！
・男性も女性も知っておきたい　ホルモンの変化による心身の変化とセルフケア

連絡先（ホームページ、ブログ等のURL）：

ホームページ　https://joconne.com/

環境変化に適応できない企業は衰退を余儀なくされる。これはビジネスの常識だ。しかし、頭ではわかっていてもどう対応すべきかがわからない。

本稿では、そうした命題に取り組むべく、ビジネスの世界でアート教育を展開する著者が、アート教育の効果と展望を語る。

# ビジネスパーソンにこそ必要な
# アート教育
## ～その効果と展望～

株式会社コイネー　代表取締役　パパンダ

## ビジネスシーンとアート教育の状況

　ビジネスの世界にアート的な考え方を取り入れる傾向があります。理由としては、主に以下2点が挙げられます。

・論理的な思考だけでビジネスの課題を解決することの限界が見えた

・論理的な思考はAIのほうが早くて正確

　企業の既定路線で新しい価値を作ることが難しくなり、企業は別の考え方を求めています。そして、AIにはできない仕事とは何かを考え、人間が何をすべきかを模索し始めているのが2023年現在だと私は考えます。こんな状況で、2022年あたりからアートを取り入れた社内研修の発注をいただいています。

## 環境変化に対応できなかった恐竜はどうなったか

　人材育成の観点からこの状況を見るとどうでしょう。長く厳しい時代が続き、新しい価値を生み社会に爪痕を残してやろうとチャレンジする

気持ちを削がれた社員が増えていませんか。では、社員がイキイキと自分のアイデアを形にして、新しい価値を作ろうとワイワイと楽しくやっている会社になったら、人事・人材育成の立場にいる方にとってはどうでしょうか?

　体が大きくて力が強かった恐竜が絶滅した理由は環境に適応できなかったからです。企業が生き残るために姿を変えていく時期に来ています。

## 変わらないことのリスク

　御社のなかでこんなことはありませんか?

　新しい事業を始めたいけれどアイデアを出す会議では、特定の人しか話さない。会議の雰囲気を壊すかもしれないと、他の人の目を気にして閃いたことを口にできない。もし、このような状況が続いていけばどうなるでしょう。

　逆に、社員がアイデアを自発的に考えて毎回会議が盛り上がるチーム。自分の軸をしっかり持ち考えを表明できるイキイキした「個」が輝く環境。想像するだけでワクワクします。その実現をサポートするワークショップをしてみませんか。そのご提案をする準備が私にはあります。

## アート思考のワークショップ

<概要>
・アートを介したコミュニケーションを体感することで、心を開いた対話の重要性に気づく
・物事のとらえ方が多様であることを知り、自由な意見を出しやすい空間が存在することを知る
・自分が言いたいことややりたいことを我慢する、そのブレーキの外し方を体得する

○受講後には以下の状態を目指します

　人の目を気にすることなく、

　本当に自分が面白いことや好きなものを

　そのまま表現することができるようになる。


　ピカソはこう言います。

『子どもは誰でも芸術家だ。問題は大人になっても芸術家でいられるかどうかだ』

　失敗を知らない子どものように新しい閃きを形にして、どんどん生産し続けるモード。実はその能力は全員に備わっているけれど、大人になると忘れてしまうのです。

## 具体的なワークショップの内容

　それでは実際にどのようなワークショップを行うかプログラムを2つ紹介します。どちらも開催後のアンケートでご好評いただいているプログラムです。早速、見ていきましょう。


①アートを鑑賞する・対話する（対話型アート鑑賞）　→　多様性、自由に発言できる環境を知る

『対話型アート鑑賞』とは

　MoMA（ニューヨーク近代美術館）で開発されたメソッドを私なりに解釈してアレンジしたものです。数人でアートを鑑賞し発見したことを発表・共有して作品の理解を深めるアートと対話を使った鑑賞のスタイルです。アメリカでは、多くの学校や美術館で導入されています。


〈アイスブレイクとレクチャー〉

　まずは参加者の気持ちをふわふわにほぐし・整えます。そのためにち

ょっとユニークな自己紹介をします。5 〜 6 人で 1 つのテーブルに着いて「100 枚のカラーカード」をテーブルに広げます。このカードはハガキの大きさで厚みは少し厚い、100 色違う色で印刷されています。カードが目の前に広がると、どんな硬い表情した人でもオオッ！となります。バーッと広げた色のカードから自分の好きな色を 2 枚探して、その理由を短く話します。ただの自己紹介でなく自分のパーソナリティを公開することでググッと距離が近づきます。

　そして、対話型アート鑑賞についてのレクチャーをして参加者の頭のなかを整え、次のパートに進行していきます。対話型アート鑑賞のポイントは、よく観察すること、気づいたことは言葉にして共有すること、他の人の発言をよく聞き考えることです。

### 〈〇の中は何でしょうクイズ〉

　続いて絵画鑑賞とクイズを混ぜたゲームをします。鑑賞する作品の一部を〇（マル）で隠しておくのです。隠された場所に何が描かれているのかを想像しながら、絵を鑑賞するのです。そうすると、普段絵をじっと観察することが難しい人も、集中して見始めるのです。なぜなら、謎の部分が好奇心をかき立てて、いろいろと推理するからです。そして、人によって全然違うものを推理したり、突拍子もないアイデアを披露してくれます。正解を見つけるのが目的ではなく、正解に近づくプロセスを楽しむのです。

### 〈絵画にツッコミを入れる・漢字 1 文字でタイトルをつける〉

　アートにツッコミを入れる鑑賞のアプローチです。絵にツッコむためには違和感を探して「なんでそう描かれてんねん!!」という態度にならなければなりません。ツッコミモードで作品を観ると、漠然と観るより深く作品を観ることができます。頭が固いグループなら、A 4 サイズのホワイトボードを使います。思ったことを言葉にするよりは、書き出す

ほうがやりやすいのです。

　もしもモナリザなら「なんで胸元がそんなに光ってるん⁉」、「笑顔だけど何か企んでるんじゃね⁉」、そんなツッコミが出てきます。ファシリテーターは『どこからそう感じましたか？』と尋ねます。ここがファシリの腕の見せどころです。その説明のなかでさらに観察⇆発言が回転します。ダヴィンチがどう考えたかは関係ありません。私が大切にするのは、鑑賞者がその絵をどう観たかです。

　最後にモナリザに漢字1文字でタイトルをつけます。正解はない！という場の空気ができているので参加者は安心して発表します。さらにそこで対話が生まれます。

〈ふりかえり〉

　最後に全体を振り返り感想などを交換して終了です。大体は他の人の意見が面白かった！など多様性をリアルに感じたことが発見だったと振り返る方が多いです。


②コラージュで自分や自分の会社のビジョンを可視化する　→　直感を信じる、手を動かして考える

〈アイスブレイクとレクチャー〉

　アイスブレイクの説明は割愛します。このプログラムの主目的は頭のなかの考えを視覚化して共有することです。①のワークショップをやった後であればより効果的です。コラージュという手法を使って自分のやりたいことを表現すること。会社のビジョンを表現すること。ここでも、失敗を知らない子どものように新しい閃きを形にして、個人やチームで見えないものを形にするモードに入る下地をつくります。

## 〈コラージュについて知る・作る〉

　コラージュ（仏：collage）とは絵画の技法の 1 つで、フランス語の「糊づけ」を意味する言葉です。通常の描画法によってではなく、ありとあらゆる性質とロジックのばらばらな素材を組み合わせることで、造形作品を構成する芸術的な創作技法です。コラージュの面白さは 2 つあると私は考えています。1 つは直感的に視覚的素材を扱うこと。もう 1 つは説明のつかない偶然性が起こり得ることです。

　用意するものはいろいろなジャンルの雑誌10冊ほど。そして、大きめの紙と糊です。作業に入る前に、自分のありたい姿をポストイットなどで書き出します。そのキーワードを参考にしながら雑誌をパラパラーッとめくり、気になったものを思うさま破っていきます。ハサミは使いません。丁寧に美しくではなく、素早く多くで。素材がある程度たまったら紙に貼りつけていきます。

　もしも会社のビジョンを作りたければ、チームで会社のあるべき姿をポストイットでメモすることからスタートすればいいのです。

## 〈ふりかえり〉

　最後にポスターのように貼り出して鑑賞し合います。チームで会社のビジョンを作る時には多様な役職が混ざったほうが面白いかもしれません。

## いかがですか？　試してみたくなりませんか？

　子どものように自由に！　アイデアの翼を広げる心地よさを味わったら必ず病みつきになりますよ。でも、正直に言います。これは説明を聞いただけでは、理解していただけません。ですから、小さくテストを実施してから本格的に導入していただく企業様がほとんどです。もしも興味が湧きましたら、ぜひお気軽にお声がけください。

## 今、何をお感じでしょうか?

　効果ないかも、と感じられておられるかもしれません。過去にやったワークショップでのアンケート結果をいくつかご紹介します。

・アートを通して、モノの見方の新しい発見ができたことや、先輩社員の方と交流できたことが嬉しかった

・別の班が役割分担を決めてワークに取り組んでいたのが驚きでした。先輩社員も見習わなければ

・考え方に間違っているということはなく、他者と違う、突拍子もないことなど、理解して受け止めることが大切である

・非常に有意義かつ楽しんで取り組める企画をありがとうございました。またの開催を心待ちにしています

## さいごに

　冒頭に私は書きました。環境に適応できない組織は生き残ることができない。今こそ変化するタイミングです。もしもその必要があるなら、全力でそのサポートをさせていただきます。私は電通という会社のクリエーティブ局で企画とデザインを22年間やってきました。アートやデザインの力をビジネスの現場で目の当たりにしてきました。その経験を活かして新しい価値を創造するクリエーティブなマインドと創造性の翼を広げるお手伝いをします。お気軽にお声がけいただければ幸いです。

## ＜著者プロフィール＞

パパンダ

株式会社コイネー　代表取締役

教育環境デザイナー、アートディレクター

1974年愛知県生まれ。六甲在住、2児の父。金沢美術工芸大学・商業デザイン科を卒業、電通クリエーティブ局でアートディレクターとして22年勤務。グッドデザイン賞2020受賞、海外の広告賞を受賞。京都芸術大学のワークショップでMoMAのVTS（対話型鑑賞）メソッドに出合い、東京都美術館で研修を受け経験を積む。2020年12月電通退社、株式会社コイネーを立ち上げ、翌年4月神戸市・六甲に「絵を描かないアートスクール＝コイネー」を開校。著書に『子どもがやりたいことを100％受け止めて、創造性や個性を伸ばすアート教育入門』（セルバ出版）がある。

## ［講演・セミナーのテーマ例］

・経営者にこそ受けてほしい『自分の軸を見つめなおすアート思考』

・アイデアの幅が広がり頭が柔らかくなる『初めてのデザイン思考』

・ファシリテーションの技術『クリエーティブな会議の作り方』

## 連絡先（ホームページ、ブログ等のURL）：

ホームページ　https://koine.jp

メールアドレス　kobekobeee@gmail.com（担当：パパンダ）

SNS　https://www.instagram.com/koine_ar

企業がシニア社員を雇用し続けることにはいくつもの課題がある。解決
努力をする企業もあるが、今まで貢献してきた社員を、すでに用済みと
ばかりに態度を変えて冷遇している企業があるのも現状である。
本稿では、シニア人材活性化で活躍する著者が、シニア社員のイキイキ
を取り戻す第二の人生に向けた道筋のつくり方について述べる。

# 「1人で稼げる人財」の育て方
## ～シニア社員の起業・副業を
## サポートします～

株式会社ANパートナーズ　代表取締役　赤木 雄

## はじめに

　高齢化がますます進む日本。企業は人手不足の対策としてシニア社員
を活用したいものの、実際にはその活用状況は十分満足のいくものでは
ないようです。その理由としては、

　　1．雇用延長をすると、組織の新陳代謝が滞る。

　　2．雇用延長をすると、総額人件費が増加する。

　　3．再雇用制度で役職、給与を下げるとシニア社員のモチベーション
　　　が下がり組織の士気を低下させる。

などが挙げられます。

　しかし、企業がそのようなジレンマに陥っている一方で、政府からは
「高年齢者等の雇用の安定等に関する法律」が改正され、70歳までの就
業機会の確保が求められています。そこで、企業はしかたなく上記1．
2．の課題と法律を両立させるため、雇用延長はとらずに60歳到達時
に再雇用制度として「管理役職はなし、給与も3～4割減」といった

３．の体制で臨んでいるのが現状です。ところが、当事者にとっては60歳になってもすぐに体力や知力が落ちるわけではないのに、待遇が急に下がってモチベーションも下がる一方です。私自身も再雇用の経験をしましたが、当時、その状態を５年も10年も続ける気にはとてもなれませんでした。

　そこで、今後あと10年をイキイキと働く方法はないものか……と考えた結論が、「独立起業」でした。今ではその決断は正しかったと思っています。しかし、起業までの道のりは試行錯誤の連続でした。だからもしあの時、企業サイドにシニア社員の起業や副業をサポートする仕組みがあれば、モチベーションを保ったまま、もう少し楽に次のステップに進めたのではないかと思っています。この気づきにヒントを得て、当社では現在、経営コンサルティング業務と併せて、シニア世代の起業・副業をサポートする経営塾「ビズジム」を運営しています。ここからは「令和のシニア社員への企業研修」について私の考えを述べさせていただきます。

## 悩める50代・60代のベテラン社員

### １）役職定年〜定年〜再雇用

　ベテラン世代でも子育てが進行中であったり、住宅ローンが残っていたりと、まだまだ経済的課題を抱えている人が多くいます。そのため、定年後、役職がなくなり給料がカットされる再雇用でも、それを甘んじて受け入れざるを得ないのが現状です。その結果モチベーションは下がり、企業側にとってもマイナスとなり、お互いに満足できないものになっています。これは大変もったいない状況だと思います。人口減少が加速する日本において、シニア世代の人的資本を国レベルで活用していく対応策が、これからますます重要になると私は考えています。

### 2）ベテラン世代がもっとイキイキと働くためには？

そもそもベテラン世代が持っている経験やスキルには、それ自体に商品価値があります。本人は気づかなくとも、氷山の水面下の塊のように大きなスキルと経験が隠れているはずです。ビズジムではこれらを引き出し、起業・副業のための事業構築のお手伝いをしています。そして会社設立から経営まで一連の知識をお伝えすることで、「1人で稼げる力」を身につけてもらっています。

国が定める70歳までの雇用機会には「継続的な業務委託契約*1」も含まれています。もし企業がこのような国レベルでの活用施策を受け入れ、定年を迎える人たちに起業・副業の機会を与える仕組みができれば、ベテラン世代がもう一度イキイキと働ける場が生まれるのではないでしょうか？

## 「1人で稼げる力」を身につけて、起業・副業を始める

### 1）キーワードは「好きなこと、したいこと」そして「できること」

自分が始める事業はまずは自分が好きなこと、したいことが第一優先です。できることを最優先にして、それがしたいことでなければその事業はうまくいきません。徹底的に自分のしたいことを突き詰めて考えていく、それがビズジムで最初に行うワークです。①好きなこと・したいこと②できること③利益が出ること、この3つが重なった事業を見つけ出すことが最終目標となります。この条件で成り立つ事業を構築できれば、必ずや本人にとって楽しくイキイキと働ける第2の人生がやってくると考えています。

### 2）「好奇心」こそが前進力の源

「好奇心」は自分がいくつになっても成長していくためのエンジンです。私自身いつまでも好奇心を持ち続け、自分にとって「新しいこと」を吸収し続ける気持ちを大切にしたいと思っています。

　しかし、ベテラン世代の経験とスキルは、一歩間違うと単なる「どや顔で語る武勇伝」になってしまいます。事業成功のカギは時代とともに変化します。常に新しい変化を感じ取り、身につけ、自分の経験・スキルをアップデートしていくことが重要です。そのためには常に「好奇心」を持ちあらゆる世代と同じ立ち位置で交流し続けることが重要だと考えます。

## 自分が「成長する喜び」はコンフォートゾーンの外にある

### 1）一歩踏み出す勇気

　人間の一番古い脳である「脳幹」には、「新しいことをまずは排除する」という本能があります。これは生命を維持するための自然な反応とも言えますが、基本的には新しいことを受けつけず、変化を拒み現状を維持していくようにできているのです。言い換えれば、人はできるだけ安全で安定したコンフォートゾーンに居続けたい生き物なのです。

　しかし、自分が「成長する喜び」を実感するためには、このコンフォ

**図1**

ートゾーンから一歩外に出る勇気が必要になります。起業する、または副業を始めるなどの行為は、このコンフォートゾーンの外側にあるのですが、古い脳のせいでそこから一歩先に踏み出せず、新しい事になかなかチャレンジできないのです。

ビズジムではこのコンフォートゾーンから一歩先に踏み出せる力を、いろいろなワークを行いながら一緒に作り上げていきます（P115、図1）。

### ２）現状から一歩踏み出すために必要なこと

最近の脳科学の研究で、哺乳類のなかで人間だけが大脳皮質（ものを考える高次認知機能を持つ部位）からもアドレナリンが分泌することがわかってきたそうです。すなわち、課題や問題を解決できた時、人間はとても喜びを感じ、そしてまたそれより良いものを求め続けるという習性があるのだそうです。好きなこと、楽しいこと、したいことを何度も考え、それが脳に刷り込まれていくと、次第にそのことに挑戦したくなっていきます。何度も少しずつ刷り込むことが肝心であり、年齢に関係なく何歳からでも面白そうなことを脳に刷り込んでいけば、必ず行動できるようになれます。ビズジムでは自分のやりたい事業を創造し、それを実現していくための考え方や知識・スキルなどを、無理なく身につけられるように少しずつ学びを深めていきます。

## ビズジムで学ぶこと

### １）事業の構築

ビズジムでは、まずご本人の好きなこと、したいことを徹底的に深掘りすることから始めます。子どもの頃や若い頃にやってみたかったこと、好きだったことは、今となってはなかなか思い出すことができません。そこで、いろいろなフレームワークを使ってこれまでの人生の棚卸しをしていきます。

そのなかから「したいこと」×「できること」をベースに事業創造、

マネタイズ、事業計画までをハンズオンでサポートし、「1 人で稼げる力」を身につけてもらっています（図2）。

**図2**

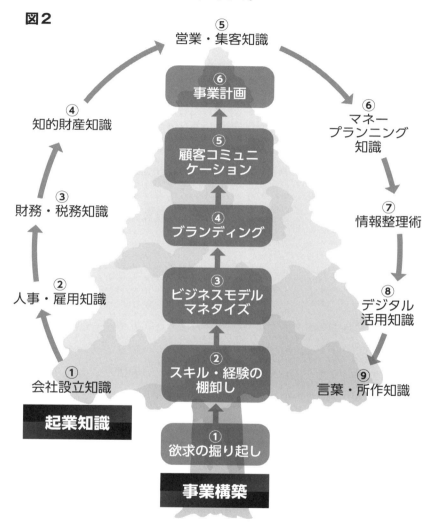

**2）起業知識、運営知識**

会社員として長く勤めていても、会社の設立方法やその運営に必要な

法務・財務・税務・総務などの具体的な知識を全て身につけるということは残念ながら難しいものです。これまで勤めていた企業が大きければ大きいほど会社経営の全体像はわからないものなのです。これらの知識は、私も自分自身で会社設立をしてみて初めて全体像をつかめたような気がします。またこれがわからないがために、会社設立という事実を「わからないこと＝不安で危険なこと」として脳が受け取り、それをブロックしていくのです。

　しかし、会社設立の方法から運営までの全てを学び、全体像を俯瞰することができるようになると脳に安心感が刷り込まれ、起業や副業がわからないことではなくなってくるのです。自分が本当にしたいことを発見したら、むしろ早くそれを始めたいと思うようになります。ビズジムでは、このようにして自らの能力を活かせる道を切り拓くお手伝いをしています。

## おわりに

　企業が自社のベテラン世代社員の起業や副業を応援するといった構図は、これまでほとんどあり得ないケースでした。しかし、このわずか4〜5年の間だけでも、科学技術が大きく進歩し、働き方も大きく変わりました。そのうえ、人生100年時代に入り、人の健康寿命も長くなり、ベテラン世代の能力の活用方法は、企業レベルから国レベルで考えるべき課題になってきたと私は考えています。これまで企業の一員として培ってきた経験やスキルを、第2の人生において広く社会に活かすことができれば、今日の日本経済の閉塞感にも風穴を開けられるのではないかと思います。ベテラン世代が「1人で稼げる力」を身につければ、本人はもちろんのこと、日本社会も元気になっていくのではないでしょうか？

　まだまだ力を発揮できるベテラン世代が、イキイキと活動の場を広げていけるサポート研修をビズジムでは展開しています。ニーズがあれば

お声がけください。


*1　高年齢者雇用安定法改正の概要
https://www.mhlw.go.jp/content/11600000/000694689.pdf



＜著者プロフィール＞

赤木　雄（あかき　ゆう）

株式会社ANパートナーズ　代表取締役
1960年東京都生まれ。
1986年富山大学大学院卒業後、関西ペイント株式会社に
入社。以後、研究－海外技術－海外営業の道を歩み、
2006年国際本部執行役員。2021年に役員退任後1年間再
雇用制度に身を置くが、仕事の内容に疑問を持ち退社。
同時に中学高校時代からの友人、中山勝義と株式会社AN
パートナーズを設立した。
ANパートナーズでは中小企業経営者にハンズオンであら
ゆる経営課題解決のお手伝いをしながら、50代・60代ベテラン世代の起業・副業をサポ
ートする経営塾「ビズジム」を主宰している。
特に強い専門分野は「海外進出」、「M&A」のサポート。


［講演・セミナーのテーマ例］

・ベテラン世代のための起業・副業研修（研修）
・中小企業の海外進出マニュアル（研修）
・中小企業のM&A入門（研修）
・シニアにしかできない職業（講演）


連絡先（ホームページ、ブログ等のURL）：

ホームページ　https://www.anpartners.co.jp/
メールアドレス　yu.akaki@anpartners.co.jp

【脳の技カード】は、ビジネスコーチングの成果を高め、働き方の多様性・人間関係の複雑化による、コミュニケーション・メンタルヘルス・ハラスメントなどの現場の悩みを解決するために開発されたオリジナルのアイテム！　職場で出会う人間関係を脳の原理原則に基づいた本質から理解できるので、ビジネスコミュニケーション能力を安定継続的に飛躍させることができます。研修方法は、ゲーム感覚で穴埋め形式の問いかけカードを埋めていくだけなので、誰でも参加しやすく使いやすく、現場での実践力を高めます！

# 【脳の技カード】で、売上に直結する職場の〔人間関係〕をマルっと解決！　メンタルヘルスはコミュニケーション改善で安定する

株式会社ホワイトスターラボ　代表取締役　山田梨加

## 業種を問わずに他社でも相談される不動のお悩みランキング

　あなたの会社の調子はいかがでしょうか。まずは弊社の【脳の技カード】を使ったヒプノティックパワー®コーチングや研修を受ける前の事前アンケートで、よく相談される内容をシェアします。特に、経営者、人事部の方々のリアルな声ですので参考になれば幸いです。

1位：複雑化する人間関係
2位：働き方の多様化
3位：能力の高い人材へと育成したいのにできていない

4位：社内教育のマニュアル化が後回しになっていて管理職レベルの人
　　　材がいない

5位：適切な人材の配置ができているのか不安、もっと良い配置がある
　　　なら知りたい

6位：離職者が多い・人材の流出を防ぎたい

7位：求人を出しても反応が良くない・慢性的に人材が足りない

　実は、これらを解決するのが、弊社のヒプノティックパワー®コーチング【脳の技カード】研修です。

## ［あらゆる数字］を左右する根本原因は［人間関係］

　近年どの会社様からご依頼いただいても【メンタルヘルス】がらみのお悩みをいただきます。「精神的に大変なようで」、「気持ちが沈んでしまっているようで」、「結局、スタッフ同士のいざこざのようで」と、全ての職場の問題【トラブルのきっかけ】は【人間関係】コミュニケーションエラーから起こっています。

　しかし、そう理解していても【自分】のことも、一緒に働く【仲間】や【お客さま】のことも知ったつもりで、実はきちんと理解していないことから起こる勘違い・思い違い・すれ違いで通常業務以外の部分で気を遣い、脳も疲れ果ててしまってパフォーマンスがダウンしてしまいます。

　もちろん職種によっては、専門分野の技術やスキル的な研修は大切ですし不可欠です。しかし、話を聞いていると、参加者の受け入れ体制や、仕事に対するモチベーション維持がしっかりしていないため、その結果、たくさんの技術研修に行かせても社長や管理職が望むような人材が育っていないことをよく相談されます。

その研修を無駄にしないためにも、その技術やスキルを受け入れるスタッフの精神状態・メンタル・在り方というような脳と心の土台を整え、受け取り上手にして技術の吸収力をアップさせてから、業界に合わせた技術を教えていくことこそが、結果的に、能力の高い人材育成につながります。

　まずは、上澄みの処世術ばかりを研修するのではなく、【人間の本質】を理解しながら「では、この事例には、このような人物には、現場で具体的にどのような行動や会話が必要なのか」理解したうえで、現場で即戦力となるコミュニケーションを定着させることこそが大切なのです。なぜならば、結果として、全社員がお互いのコミュニケーションで【メンタル】をケアし合いながら、雰囲気の良さにより、脳がリラックスしてそれぞれが持つ個性＝【潜在能力】を発揮することができるからです。そればかりか、連鎖的に、主体的な言動や行動が増えたり、リスクマネジメントをするようになり、ミスやロスの削減へとつながり、総合的に生産性の高い組織へと導くカギとなります。

## 会社で投資した研修スキルが一気に使いやすくなり主体性がアップ！

【脳の技カード】の学び方は、簡単です。社長や上司から無理やり参加させられたような方がいたとしても、受け入れやすく充実感、達成感を味わって満足していただくために、チェックシートや穴埋めをしたり、カードを読むだけなどごく簡単な形式に作っています。

　また、私たちの脳は省エネシステムになっているので、どんな研修も、わくわく楽しく学ばないとすぐに忘れてしまいます。その理由から、参加者がヒーロー、ヒロインとなって、【お悩み】を職場のモンスターとして、【ゲーム感覚】で解決していくという仕組みにしております。

★1★まずは、自分自身または対象者の脳の個性【特徴】をゴールドカードで理解し、「これ、自分だ！」、「これ、同じ部署の○○さんだ！」という具合に、いろいろな特徴があって職場は成り立ち、また個性が支え合い助け合うからこそ仕事がうまくいくことを理解していただきます。

★2★次に、当てはまる脳の個性【特徴】に合わせ親しく和やかにコミ

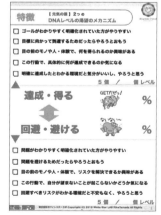
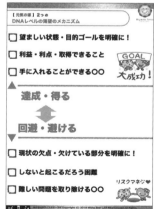

研修テキストは、誰でも潜在能力を引き出し記憶しやすいように意図的にカラフルで、かわいいイラストが描かれた親しみやすいカード。現場からいただいた使いやすさのリクエストを参考に作成した簡単チェックシートなどのカードも提供

# 仕事においての【脳の技カード】35種類の成功脳力・知性をコンプリートせよ！

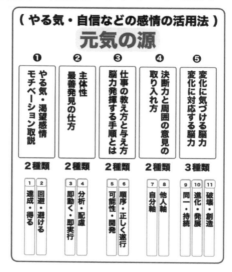

（ やる気・自信などの感情の活用法 ）

## 元気の源

| ❶ | ❷ | ❸ | ❹ | ❺ |
|---|---|---|---|---|
| やる気・渇望感情<br>モチベーション取説 | 主体性<br>最善発見の仕方 | 仕事の教え方と与え方<br>脳力発揮する手順とは | 決断力と周囲の意見の<br>取り入れ方 | 変化に気づける脳力<br>変化に対応する脳力 |
| 2種類 | 2種類 | 2種類 | 2種類 | 3種類 |

| 1 達成・得る | 2 回避・避ける | 3 分析・配慮 | 4 即動く・即実行 | 5 可能性・開発 | 6 順序・正しく遂行 | 7 他人軸 | 8 自分軸 | 9 同一・持続 | 10 進化・発展 | 11 破壊・創造 |
|---|---|---|---|---|---|---|---|---|---|---|

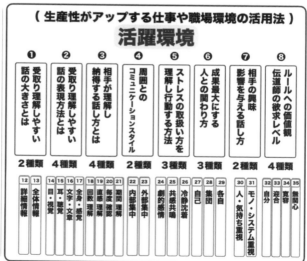

（ 生産性がアップする仕事や職場環境の活用法 ）

## 活躍環境

| ❶ | ❷ | ❸ | ❹ | ❺ | ❻ | ❼ | ❽ |
|---|---|---|---|---|---|---|---|
| 受取り理解しやすい<br>話の大きさとは | 受取り理解しやすい<br>話の表現方法とは | 相手が理解し<br>納得する話し方とは | 周囲との<br>コミュニケーションスタイル | ストレスの取扱い方を<br>理解し行動する方法 | 成果最大にする<br>人との関わり方 | 相手の興味<br>影響を与える話し方 | ルールへの価値観<br>伝道師の欲求レベル |
| 2種類 | 4種類 | 4種類 | 2種類 | 3種類 | 3種類 | 2種類 | 4種類 |

| 12 詳細情報 | 13 全体情報 | 14 目・視覚 | 15 耳・聴覚 | 16 文字・文章 | 17 全身・感覚 | 18 回数・理解 | 19 期間・理解 | 20 毎度・確認 | 21 直感・理解 | 22 内部集中 | 23 外部集中 | 24 劇的感情 | 25 共感共鳴 | 26 冷静沈着 | 27 自己 | 28 集団 | 29 各自 | 30 モノ・システム重視 | 31 人・気持ち重視 | 32 自分 | 33 迎合 | 34 寛容 | 35 無関心 |
|---|---|---|---|---|---|---|---|---|---|---|---|---|---|---|---|---|---|---|---|---|---|---|---|

【脳の技カード】は大きくは「元気の源」と「活躍環境」という2つのカテゴリーに分けられる

ュニケーションを取れるような【親和言語】を紹介。普段、どれだけコミュニケーションエラーを起こしていたかを実感するとともに【相手に伝わる、変化をもたらす】脳に直接影響を与える言葉の使い方でする「ビジネス脳会話®」を、さまざまな現場の事例とともに学び身につけていきます。

★3★研修後のサポートで復習動画や簡単なチェックシート、読むだけスクリプトもお渡しします。そのため、現場でさらにさまざまな人に実践的に応用することで、さらに一層個性を活用したチームビルディング、マネジメント、営業セールス、プレゼンなどのビジネスコミュニケーションをサポートしています。

## 社員同士が働き方のクセを知るだけで、心が軽くなり生産性がアップ！

　では、【脳の技カード】は、どのように学べば社内で使えるようにな

管理職・リーダー向けの臨場感あふれた【少人数制の対面セッション】

日本国内外に社員のいる会社では【オンライン研修】を活用。復習用の研修の録画でのアフターフォローもあるので現場での実践と定着率が加速する

るのでしょうか？

　1回の研修に要する時間は、90〜120分。参加者全員の個性をプロファイリングしながら行うため20人前後の各グループに分け、研修中は、参加者同士がコミュニケーションを取りやすいようにゲーム感覚で楽しい雰囲気で行っています。

　よく質問される「社内で初めて会う人や、あまりしゃべったことのない人がランダムで参加しても大丈夫ですか？」という不安を解消するために、各研修の最初には安心できる学びの場を作り出すメンタルクリエイター®脳トレ三部作というワーク時間をもうけ、やる前とやった後で目の前の人間関係の見え方が変わる体験をしてもらっています。

　テーマはさまざまで、【お客さまとのコミュニケーション】としてセールスの仕方、クレームの対応方法、【社内コミュニケーション】として教え方や教わり方、叱り方などの指導方法、職場環境が改善するための行動・会話の改善など多岐にわたります。そのため、クライアントさまのご要望を伺うとともに、根本原因を脳の個性、人間の本質から分析し、必要な優先順位を提示して、グループ研修と個別研修を組み合わせて、安定継続的な変化を最短最速で作り出せるよう協同し、会社の理

念・主要なリーダー・経営者の皆様の想いとお考えを組み込みながら、依頼者に合わせたオーダーメイドでカスタマイズします。

## 「先生の研修は、人間の本質にアプローチするので、どの層にも使いやすい！」

最後に、弊社が運営するメンタルビジネススクール™のお客さまで、先日ある経営陣から「先生の脳の技カード研修は【優しさ】でできていますね！」と、面白いほめられ方をされました。説明すると、次のようなことです。

▶新人から中間管理職・経営者と【どんな層にも受け入れやすい】簡単だという優しさ。

▶どんな部署にいてもコミュニケーション力が向上すると、縦だけでなく【横がつながる】部署を超えた［報・連・相（報告・連絡・相談）］によって協働する優しさをもって仕事に取り組める。

▶【個性は美学】で、自分と違う相手を【好き・嫌い】で決めずに理解し、【自分の得意】を出して【仲間の不得意】をお互いにサポートし合う優しさを育む。

「この3つの優しさが、結論、お客様へ届いてご縁がつながり、数字が安定していくものなんだと理解しました」と、【脳の技カード】を開発した私の願いが届いた瞬間。一生モノの宝となるお言葉をいただきました。

職場で成果を上げるビジネス脳科学は、【人と人の化学反応】であるという原点に今一度立ち戻ってみてください。数字も生産性も、人のメンタル・気持ちの化学反応が、どんなに小さな1だったとしても、10、100、1000……無限大の力へと導いてくれます。

最小の力で最大をつくるのが【脳科学】を使ったコミュニケーション

の世界です！

　多様化・複雑化が加速する激動の新時代。今こそ、あなたのビジネスを【人間関係】の観点から本気で考えてみてくださいね。


## ＜著者プロフィール＞

山田　梨加（やまだ　りか）

株式会社ホワイトスターラボ　代表取締役
ワークヘルス脳力学会会長、メンタルビジネススクール™、メンタルクリエイター®
静岡県出身。東京と福岡中心に活動。医療法人 仁静会 理事として現場運営に16年間従事。『病は気から！ 外科はアートだ！』と会話を重視し最小限のオペしかしない奇才な口腔外科医の実父から、薬では治らないメンタルの重要性を學ぶ。「お世話になった患者様に恩返しをしたい」という思いから心の司令塔である脳の研究を深め、認知構造から独自のプロファイリングスタイル「脳の技カード」を開発。多数の臨床対応から生まれた35種類の「脳と心の技カード」は、認知構造を再構築して現実を変えてしまうほどに有益であると高い評価を得る。法人設立後は実践により得た説得力と実績は各方面から注目され、「心の良い人が心の良いまま時代の主役になる世界をつくる！」ビジョンを掲げ、自分のどん底体験から幸せを手に入れる脳内法則と催眠の公式を使った会話術で、「梨加さんと会話しているだけで、心も体も元気になる」、「話していると、良いことが起こる！ 開運する！」と患者様に言われるようになり、口コミ・紹介のみで一部上場企業や、医療福祉法人にオーダーメイドメンタル研修を提供し、脳を再構築する脳力開発コーチング研修を行う。さらに既存のコーチングの限界を補うためにつくられた、催眠力によるヒプノティックパワー®コーチングを独自開発。ビジネス催眠力®を使った新しいオールインワン相談技術としてカウンセリング・コーチング・セラピー・プロファイリングを同時に学べるメンタルビジネススクール™を開校。修了時アンケート満足度90％を達成。これまで大手企業のビジネスパーソンからエグゼクティブまで５万人の仕事力をUPすることに携わり、現在はメンタルヘルスの根本原

因である人間関係を、脳の原理原則から分かりやすく現場で使えるようにする研修を依頼されオンライン指導を行っている。

主な著書に『集中力・生産性が劇的UP！　最強の脳覚醒メソッド』（大和出版）、『頑張らない営業　6つの買いたくなる脳の特徴で成約率98%を生み出す！ビジネス催眠力®』、『使われていない97%の脳を自由自在に操るビジネス催眠力』がある。

## ［講演・セミナー・オーダーメイド研修の事例］

・ストレスも自己解決できる！現場ビジネスコミュニケーションを分析
　〜ビジネスプロファイリングコミュニケーション実践プログラム
　（35種類の脳の技カード：元気の源11種・活躍環境24種をコンプリート）

・最強ビジネス脳へ再構築するビジネスコーチング研修
　〜ヒプノティックパワー®コーチング7プログラム
　（自信力・決断力・集中力・達成力・2つの影響力・切り替え力を覚醒）

・脳に優しいから行動が変わる【影響力】を学ぶ
　〜ハラスメント予防コミュニケーション実践プログラム

## 連絡先（ホームページ、ブログ等のURL）：

（研修プログラム・最新情報）
山田梨加のYouTubeチャンネル　：https://www.youtube.com/channel/UC_xb-eWaba75cuGnQsabY9w?view_as=subscriber

（株式会社 ホワイトスターラボ代表の資格やSNS情報）
ホームページ　https://white-star-lab.com/profile/yamadarika-professional-coach/business-brain-coach/

★お問い合わせはこちらのフォーム　https://white-star-lab.com/inquiry/

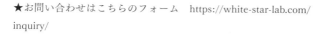

第 **3** 章

# モチベーションUP・
# 離職者が減少する研修

入社したばかりの新人に新入社員研修を実施する。企業にとっては当たり前のように行われているが、そのなかでどれだけの企業が、その新人の成長過程をフォローしているだろうか。本稿では、キャリアコンサルタントとして第一線で活躍する著者が、新人が一人前のビジネスパーソンに育つまでのステップや先輩・上司のフォローの在り方について述べる。

# 新入社員が
# 自分の足で歩けるようになるまで

Career Smile　代表　福浦 操

　新入社員に研修を実施する際、何を目的として行っているでしょうか。

　一、社会人として必要なマナー等について

　二、自社のこと（業務内容、必要な専門知識等）について

　ここまでは、どのような企業であっても、一般的に行われていることだと思います。さらに、OJTを通して実際の現場で行われている仕事について、一定程度の基礎部分を学んでもらっていることでしょう。

　今回は、「自分の足で歩ける」ということをテーマにしています。今までの一般的な研修から、さらに＋αの部分について考えてみましょう。

## 自分の足で歩くとはどういうことか

　仕事において、「基本的な知識や一般的なマナーを踏まえて、自分の考えややり方で取り組んでいくこと」が、まずはできるようになってもらいたいと考えるレベル感ではないでしょうか。

　もちろん、先輩や上司、同僚に教えてもらいながらであっても構いま

せん。まずは自分で取り組むということを意識し、失敗なども繰り返しながら、少しずつ１人でできるようになることを身につけていく、それが新入社員を育てるにあたり必要な部分だと思います。

　これを、「自分の足で歩く」と定義してみましょう。

## 自分の足を知る

　まずは自分の足を知ることがスタートです。「足を知る」とは、いわゆる「自己理解」と考えてください。「自己理解」とは、自分自身の「興味関心・スキル・価値観」を知ることです。仕事と向き合ううえで、何がやりたいのか、何ができるのか、何を大切にしていきたいのか、という３つのポイントを明確にしていくことが重要です。新入社員というのは、学生時代の就職活動において、自己分析をしています。ですが、改めて、社会人となったうえで考えてみる、という経験も必要です。

　研修では、さまざまなアセスメントツールを用いることもいいと思います。個人的には「EQS」と呼ばれる、「情動知能」を測ることができるツールがお勧めです。

## 歩き方を知る

「歩き方」というのは、明確になった自分自身をどのように動かすことで仕事を「うまく」できるようになるのかを考えていくことです。

　さて、「うまく」とは何なのでしょう。実際には、仕事によって求められていることが違います。いかに早く仕上げるか、どれだけ正確に行うことができるか、など、職種によって大きく違う「うまく」を、理解することが必要です。これがいわゆる「職業理解」と言えるでしょう。仕事というのは、何をすることなのか、どのような能力が必要になるのか、どんな成果を目的として実施すべきなのか、など、さまざまな視点からわかっていくことが大切です。

研修として実施する場合、新入社員が希望していた仕事だけにとどまらず、社内のさまざまな仕事に携わっている社員から話を聞く機会があると良いでしょう。できれば、年齢のあまり変わらない若手社員のほうが、リアルに自分事として捉えていけると考えられます。

＜補足＞
　自分の足を知り、さらに歩き方を知ったあと、改めて自分の足を見直す機会があるとより良いと考えます。理解した歩き方を踏まえ、自分の足はそれに合っているのだろうか、不足や課題はないのだろうか、あるなら、どのように身につけていくことが求められているのだろうか、と考えることで、効果的な足の使い方を学ぶことにつながります。
　プログラムをやって終わり、にするのではなく、やったことを繰り返し、より深める機会を持つことが重要になります。

## 歩いてみる

　わかったうえで歩いてみよう！という段階になりますので、一般的には企業研修としてのOJTにあたるのではないでしょうか。
　OJTを実施する場合、OJTを担当する先輩社員への研修やレクチャーが非常に意味を持つと考えられます。また、OJTの実施方法として、その日に自分が教わったこと、やってみたことを振り返る時間も確実に入れておきましょう。日報のような形で書かせている企業は多いようです。この日報をOJT担当者がチェックし、仕事における不明点や自信のないこと、不安なことなどを、早めに共有できる機会を持つことが大切です。企業としても、OJTに不備があるなら早めに知ることができますし、自分自身の不安を共有できる場があることそのものが、新入社員の不安を軽減できるのではないでしょうか。

＜補足＞

OJT後にも、フォロー研修といった形で研修を設ける企業も多いと思います。これは非常に大切です。机上でわかったことを実践してみることで、改めてわかること、気づくこと、学ぶことも多くあります。企業としては、さまざまなことを学んでもらい、どんどん先に進んでいかせたい、できることを増やしてもらいたい、と考えるでしょう。ですが、焦りは禁物です。「自分の足を知る」、「歩き方を知る」、「歩いてみる」を繰り返すことで、より仕事の理解が深まります。本人の成功体験を増やすことで、より仕事へのモチベーションにつなげたいところです。

## 躓いた時どうする？

まずは、「何に躓いたのか」ということと「ダメージはどの程度か」を理解してあげたいところです。どのような状況であれ、それを把握することは重要です。しかし、状況把握にとどまらない、背景や心情まで理解してあげることが、結果的には信頼関係につながり、躓きから立ち直るエネルギーになるのではないでしょうか。

人によって、弱点や苦手なことはそれぞれ違うものです。「何に」という部分はしっかりとわかっておく必要があります。さらに、「いつ・どんな時に」躓くのか、また、「どのような躓きなのか」も状況把握には欠かせません。また、それだけでなく、「なぜ」というところがポイントです。この「なぜ」に関わることで、１人ひとりの躓いてしまうことになった背景や心情を理解することができます。

新入社員研修というのは、「何かを教え身につけてもらう」ことにプログラムは集中しがちです。ですが、それを全ての人が均一に身につけていけるわけでもありません。躓いた時の対処法についても、レクチャーしておくと良いでしょう。できれば、躓いた社員のフォロー方法についても、先輩社員や上司はわかっていることが望ましいですね。そして、その場合は、状況把握にとどまらない、１人ひとりの背景や心情に

寄り添える会話を心がけてほしいところです。

## 人の足と比べること

　人はつい、他人と自分を比べてしまうものです。一般的には、ネガティブな意味で「人との比較」が語られるように感じます。ですが、自分自身の状況を的確に把握するには、「他者との比較」は重要であることも事実です。ポイントとしては、「人より劣る＝自分はダメである」という考え方をしないよう関わることではないでしょうか。

　社内で「スキルマップ」のようなものを作成し、客観的に自分自身を評価する目を持ってもらうことも有効ではないでしょうか。さらに、そのスキルマップにおけるレベルチェックを先輩や上司が実施し、本人との面談等を通してフィードバックしていくことも、本人の納得感や安心感につながると考えられます。

　比較は評価とつながりやすく、本人のモチベーションを左右する場合もあります。相対評価ではなく、絶対評価という視点を持つことや、スキルマップを定期的に活用することで、今までの自分と比べて成長している実感を持たせることも有効です。


＜参考＞
厚生労働省「キャリアマップ、職業能力評価シート及び導入・活用マニュアルのダウンロード」

## 歩いたことで前に進む

　前段でも申し上げましたが、今までの自分と比較することで、成長を実感できます。

　これが、「前に進む」ということです。「躓いた時どうする？」でもお伝えしましたが、躓くことはあります。

　また、立ち止まることもあるでしょう。もちろん、後戻りするような場面もあるかもしれません。それでも、前に進みたいのであれば、歩く

しかない、ということです。

　仕事で言えば、わかってくる、できるようになる、そしてできること
が増えていく、という段階を少しずつ経て成長していきます。大切なの
は、この成長を感じるタイミングや機会を適切に設定する、ということ
です。できるようになったことを明確にし、少しずつ自信を持ち、より
向上していきたいというマインド喚起のためにも、ぜひ入社してからの
自分を振り返る時間を一緒に持てるような機会や関わりを実施してくだ
さい。

## さぁ、どこに向かおうか！

　自分の足を知り、歩き方を知り、実際に歩いてみる、ということを繰
り返すなかで、少しずつ社会人として成長していきます。そして、「自
分の足で歩く」ことを理解し、「自分の足で歩けるようになる」こと
で、やっと働く自分を感じていけるようになるでしょう。

　ここから、さぁ、どこに向かおうか！というところで、改めて、歩い
てみたうえでの自分を振り返ってもらいましょう。ここでやっと、「適
性」という言葉の本質を知ることになります。

　会社が把握した個人の「適性」に対して、納得できない気持ちになる
社員も多いと聞きます。なぜなら、「適性」よりも「やりたい」を優先
したい気持ちがあるからです。「やりたい」だけではなく、「やれる」こ
とで働くほうが実は気持ちよく仕事に向き合えるというのを、感じても
らえるような取り組みを行ってもらいたいところです。

　１つひとつの項目を、本人の納得感やポジティブな心情をくみ取って
いくことを忘れず、できるだけ意欲喚起につながるような関わりをして
いくことが大切だと考えています。

　企業には、「適正配置」という言葉があります。できるだけ本人と
「適性」を共有したうえで進められたらいいですね。

　そして、この一連の取り組みについては、２年め以降も実施すると、

改めてわかることも多いと考えられます。ゆくゆくは、求められている能力や役割と、自身が発揮できていることや仕事の面白みが一致している、と感じる社員が増えることを期待していきましょう。

＜著者プロフィール＞

福浦　操（ふくうら　みさお）

Career Smile　代表

2009年から職業訓練校にて求職者のキャリア支援に関わる。その後、求職者・大学生への就職支援、働く人への定着支援・キャリアコンサルティングを実施。

在職者への対応としては、「定着支援に向けた関わり方」、「ライフイベントとキャリア形成」、「メンター教育」などの研修および、キャリアコンサルティングをメインに活動。

著書として『働くマインドを育てる就職活動』（ギャラクシーブックス）、『辞めない社員をつくる！ 教え育む定着支援』（セルバ出版）がある。

[保有資格]

産業カウンセラー・国家資格キャリアコンサルタント・メンタルヘルスマネジメント検定Ⅱ種

[講演・セミナーのテーマ例]

・辞めない社員の育て方
・頑張る自分のつくり方
・「働く意味」は自分でつくる

連絡先（ホームページ、ブログ等のURL）：

ホームページ　https://www.career-smile.net

ゲーム感覚で楽しく脳力UPする五感脳トレーニング。
モチベーションから上げて、思考力・判断力・洞察力・直感力・想像力
文章力・表現力UP！　本稿では、五感脳トレーニング開発者の著者が、
これまでの研修事例とその効果について語る。

# グングン脳力UPする
# 五感脳トレーニング

一般社団法人五感脳トレーニング協会　代表理事　武田規公美

## 企業の悩みごととは？

　企業研修のお問い合わせの時に、「ミスが多いのでミスを減らしたい」、「うつ病で休んでいる社員が何人かいるのでその改善をしたい」、「上司と部下の関係性が良くないので改善したい」、「社員の能力を上げてほしい」、「職場に活気がないので活気のある職場にしたい」などのご要望があります。

## 脳力を最大限に発揮する方法とは？

　これらのお悩みごとを解決するには、まずはモチベーションを上げてあげることが大切です。

### ・ほめる⇒認められる⇒自信がつく⇒脳力UP！

　命令形・否定形の言葉をかけることによって、脳が平均15％萎縮するというデータがあります。ほめて認めることで、少しずつ自信がつい

毎回ほめて認め合うことで、自己肯定感UP！

てきて、ドンドン自己肯定感が上がっていきます。土台作りがとても大切です。

この状態で、右脳のトレーニング（想像力・イメージ力・表現力・文章力・記憶力等）・左脳のトレーニング（思考力・判断力・分析力等）を行うと、ドンドン成長していきます。

## 多様な価値観を生み出す

五感脳トレーニングの研修は、ゲーム感覚のディスカッション形式で行っています。

そして、年齢・所属・役職などにとらわれず、グループで行っています。新人さんと役員さんや社長さんが、一緒のグループになることもあります。

普段言葉を交わすことがあまりなかった人同士が、コミュニケーションを取ることを大切にしています。それによって、上司が部下に助けられる場面もあります。

最初は緊張する新人さんもいますが、ゲーム感覚なので気がつくと皆さん笑いながら行っています。楽しみながら、多様な価値観を学ぶことができます。

## ミックスグループの意外な効果とは？

ミックスでのグループ研修が、想像以上に良い効果が出ています。
「今までは怒ってばかりの上司が、研修以来怒らなくなりました」
「自分の意見が言えなかった新人さんが、少しずつ自分の意見を言える

ようになりました」

「職場の雰囲気が研修を重ねるごとに明るくなり、コミュニケーションが増えてミスが減っています」

　といった声をよく聞きます。


　部署が違う人たちとは、今までは挨拶をするだけだったり喫煙コーナーで顔を合わせるだけでしたが、同じグループになり一緒にトレーニングをするなかで、共通点が見つかり仲良くなったという話もよく聞きます。

## 五感脳トレーニング研修の特徴

１）社員の幸福度が上がります

　・モノの見方、考え方が変わり、前向きに取り組むようになります。

　・自信が持てるようになり、意見が言いやすい職場になります。


２）離職率が低下します

　・社内コミュニケーションが円滑になり、楽しい職場が形成されることで、離職率上昇に歯止めをかけます。

　・うつ病予防になります。


３）会社の業績が上がります

　・モチベーションが上がり、仕事の効率が上がります。

　・社員のプレゼン脳力が上がり、受注率が上がります。

　・新しい発想と新しい視点が加わり、新商品、新サービス、新事業が生まれます。

## 五感脳トレーニングの一例とその効果

・ワーキングメモリートレーニング（記憶力UP）

・なんだろうゲーム（想像力・洞察力・直感力UP）

・キャンディーゲーム（判断力・思考力・集中力UP）

・掘り下げゲーム（イメージ力・表現力・文章力UP）

ワーキングメモリートレーニング

なんだろうゲーム

　ゲーム感覚の五感脳トレーニングを行うことで、瞬時に判断する力・考える力・想像する力・伝える力・表現する力・柔軟性等が身につきます。

　今までとは違ったモノの見方ができるようになり、新規事業や新商品の開発、顧客に合った提案等につながっています。

　また、社内コミュニケーションが増えることによって、離職率の低下やうつ病予防、効率UP等、さまざまな効果が出ています。

## 参加者の声

・こんな楽しい研修は初めてです。何年ぶりにこんなに笑ったか。職場でもこの雰囲気を継続して、業績が伸びてきました。(43歳男性)

・とても頭がスッキリしました。筋トレみたいに普段は使っていない脳をさまざまな角度から使ったので、とっても気持ち良いです。新しいアイデアが浮かぶようになりました。(41歳女性)

・自分が頑張ればいいと思っていました。信頼関係を築けていなかったことを反省し、部下を頼ることの大切さを感じました。(57歳男性)

・研修後は恥ずかしさや遠慮がなくなったので、発言がしやすくなりました。そして、自信が持てるようになりミスが減り、会社に行くのが楽しくなってきました。(30歳男性)

・自分ができた時にみんなで喜び合えることがやる気につながり、積極的に頑張ろうと思えるようになりました。そして、今まであまり話していない人たちと仲良くなるきっかけになり、コミュニケーションが増えて仕事が楽しくなりました。(27歳女性)

## 五感脳トレーニングの開発ストーリー

　通信制高校のサポート校に勤務していた時に、掛け算・割り算を足し算にしている子たちや、作文を３枚書かないといけないところを３行しか書けない子たちが多く、日本の教育に疑問を感じました。いろいろと調べるなかで「世界の大学ランキング」を見つけました。アメリカが10位以内に６校も入っているのに対し、日本は100位以内に２校しか入っていませんでした。こんなにも違うなら教育も異なるのではと思い、

米国ソルトレイクシティの学校に研修に行きました。

　アメリカの学校では、自由に発言をして1人ひとりの意見を大切にしていました。答えが違っていてもその子のプロセスがしっかりしていると、「その発想は斬新で素晴らしい」とハグをして思いっきりほめて、自己肯定感を高めていました。

　そのなかで感じたことは、「日本の教育は暗記形式の結果重視教育で受け身型」であり、「アメリカの教育はディスカッション形式のプロセス重視教育で自発型」だということです。

　そして、アメリカの教育を導入したゲーム感覚の五感脳トレーニングを、10年がかりで開発しました。子どもたちのレッスンでは1年でIQが14〜36上がり、口コミで企業研修、商工会議所の経営者研修、行政の認知症予防講座なども行うようになりました。現在は、生後3カ月〜97歳までの方々が受講されています。年齢・障害・国籍に関係なく行っています。

　保護者のケアにも力を入れていて、誰にも相談できずに孤独と戦っている保護者のサポートもしっかりと行っています。

　「ゲーム感覚で学びを楽しもう！」をスローガンに、“さらなる可能性を広げたい方に、学ぶ楽しさを知り「考える力」、「生きる力」を育て自分の好きなことで社会を豊かにする次世代を育成します”の理念のもと、人間力をも育てる教育をしています。

## 誰もが認め合える社会作りを目指しています

　人が成長するうえで大切なことは、認め合うことです。できて当たり前ではなく、できなくって当たり前。

　みんなで認めてほめ合っていたら、虐待・不登校・引きこもり・うつ病などの社会問題は減ります。

　できるようになるプロセスを大切にして、「1つひとつできたことを、ともに喜び合える社会作り」、「虐待・不登校・うつ病・認知症ゼロ

の地域社会作り」を目指しています。

<著者プロフィール>

武田　規公美（たけだ　きくみ）

一般社団法人五感脳トレーニング協会　代表理事

通信制高校のサポート校に勤務していた時に、作文が書けない・掛け算や割り算ができない・文章問題の意味がわからない子たちが多く、日本の詰め込み式教育に限界を感じ、アメリカで研修を受ける。

モチベーションから上げる、ゲーム感覚の五感脳トレーニングを10年がかりで開発。

１年でIQが14〜36上がり、口コミで企業研修・商工会議所の経営者研修・シニアの認知症改善研修も行う。現在は、生後３カ月〜97歳までの方々が受講されています。

著書に『一人じゃないよ』『居場所を求めて』（ともに文芸社）、共著書に『私らしく生きる19の方法』（Rashisa出版）がある。

[講演・セミナーのテーマ例]

・楽しく脳力UPする秘訣とは？

・新しい発想と視点を変えて、新商品、新事業の生み出し方

・モチベーションから上げて脳力UP！　うつ病予防

・社内コミュニケーションの向上！　離職者を減少します

連絡先（ホームページ、ブログ等のURL）：

ホームページ　https://www.5-brain.com/

メールアドレス　info@5-brain.com

せっかく採用した人材が早期に辞めていってしまう。企業にとっては大きな損失だ。もしそのような傾向が強い企業は、そうならないために彼らが働く環境を多角的に見直す必要がある。
本稿では、社員が定着しやすいように働く環境の見直し方や会社へのエンゲージメントの高め方について、人材採用・定着アドバイザーとして活躍する著者が、そのポイントについて説明する。

# 辞めていく社員を出さないための会社へのエンゲージメントの高め方

ヒトベース株式会社　代表取締役　渡辺 徹

## エンゲージメント向上のためには

　昨今、働き方の多様化が騒がれており人材がなかなか定着しない、と言われています。定着について、以前はリテンション（離職防止）という言葉がよく使われていましたが、最近では「エンゲージメント」（信頼関係）を用いることが増えているように思います。定着のためには引き留めの対症療法ではなく、働きたいと感じさせるような関係構築をしなくてはいけない、次のステップに向かっている証拠かもしれません。

　採用難の昨今、エネルギーを注いで採用した優秀な人材には辞めてほしくない、そして活躍してほしい。どの企業様にもそうした気持ちがあると思います。では、これら「定着のための施策」にはどういったものがあるでしょうか。辞めないようにするには給料を上げればいい、休みを増やせばいいという考えに至りやすいものです。確かにそれも1つだと思いますが、どれか1つだけで状況が良くなるものではありません。総合的に、そして長期視点を持って働く環境を良くしていくことが大切

です。

## 定着のためのアプローチ「ハード」と「ソフト」

　定着の施策には、大きく分けてハードアプローチとソフトアプローチがあります。

　ハードとは制度や業務の仕組みの改善や新規導入を行うものです。最もわかりやすいのが条件面の見直しです。お給料、休み、教育制度、その他福利厚生等を見直していくということです。１つの例としては業務改善があります。DX化を推進して業務効率を上げる、アウトソーシングを活用する、などです。

　ハードアプローチは制度的なものや、機器導入などとも関係するため、社会保険労務士など各分野の専門家、DXをサポートする企業に相談をするのが効果的だと思います。

　それに対して、ソフトとは社員個人の意識や成長意欲に対するものや組織全体に働きかけるものです。

　社員については階層ごとにその課題も異なるため、分けてアプローチをします。若手社員、中間層に対するアプローチでは、面談やカウンセリングを行う、研修を行う、または任せる業務を変えてみる、などです。

　一方、管理職については、マネジメント業務の支援をするような施策です。マネジメント手法について学ぶ研修、管理職向けの面談、そしてマネジメントや人材育成への取り組みを評価する仕組みの導入です。さらに、これらに加えて行いたいのが、組織コミュニケーションの活性です。これは定着の施策のなかで最も難しいものの１つです。そもそも企業が、組織としてどんなことを大切にしているか、何を目指しているかなどを明確にし、全体で一体感を作るチームビルディングに関わる分野です。

　これらの要素があって、働きやすい環境が作られ、長期的な視点を持って働くことができるようになります。組織の活性化につながり、ひい

ては定着する環境作りにつながっていくのだと思います。

## 定着施策を進めるための2つの視点

### 定着・活性化の要素と改善のアクション例

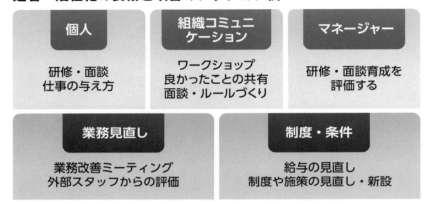

| 個人 | 組織コミュニケーション | マネージャー |
| --- | --- | --- |
| 研修・面談<br>仕事の与え方 | ワークショップ<br>良かったことの共有<br>面談・ルールづくり | 研修・面談育成を<br>評価する |

| 業務見直し | 制度・条件 |
| --- | --- |
| 業務改善ミーティング<br>外部スタッフからの評価 | 給与の見直し<br>制度や施策の見直し・新設 |

　各施策には「足りていないものを平均ベースにする」ものと「平均的なものをプラスにしていく」2つの視点があります。例えば、賃金が業界平均よりも低めならば平均値まで持っていく、業務改善を行いDX化を推進する、などは前者です。それに対し、さらなる成長のために教育研修の施策を取り入れ、社員が積極的に学ぶことを推奨する、資格取得の補助や資格手当をつける、というのは後者です。特に、後者の「プラスにしていく」については時間がかかり、なおかつその企業の背景などを汲んだ独自の工夫が必要となります。

## 「ハマっている状態」をつくる

　最近、芸能人の事務所独立のニュースが増えている気がします。個人で情報発信が可能な世の中になり、強力な発信力を持つ芸能人にとって事務所への所属メリットが薄れるようになったのが理由の1つだと思います。これは推測ですが、これからは一般企業においても同じ流れが起

きるのではないでしょうか。個人としての活動が可能となり、個を活か
すことが重視される時代のなかで、その会社・組織でないとダメな理由
はどんどん少なくなっています。裏を返すならば、社員に「それでも、
この会社・組織で働きたい」と感じてもらうことが今後のカギとなって
くるのだと思います。

　そう感じてもらうためには「ハマる状態」をつくることが重要です。
人は何かに夢中になってハマっている時、辞めようとは思わないもので
す。その組織で働く意義、存在理由、ワクワクする将来像、一緒に働き
たいと思える仲間……等々に、いつのまにか「ハマっている」ことこそ
エンゲージメントが高い状態です。しかしながら、自分がハマっている
ことになかなか気づくものではありません。日常の業務を少しだけ離れ
て、研修やワークショップを通して見つめる機会をつくることをお勧め
いたします。自分たちの仕事を客観的に振り返ることができるため、効
果的です。

## エンゲージメント向上の施策例：ミッションワークショップ

　定着要素である組織コミュニケーション活性を図るための「ミッショ
ンワークショップ」を実施し、エンゲージメントが向上した企業の例を
ご紹介いたします。

　この企業は福祉機器のレンタル事業を手がける大手のフランチャイジ
ーなのですが、社員が本部（フランチャイザー）の理念を意識することは
あるものの、自社の存在意義や、自分たちの仕事について考える機会が
なく、浅い理解に留まっている、という課題がありました。そこで幹
部・管理職を中心に１泊２日の合宿型ワークショップを行い、自分たち
の仕事の価値について改めて考える機会をつくりました。

　問いを立て、それについて皆で対話をする「ワールドカフェ」と、各
個人の強みにフォーカスする「ストーリーテリング」の２つのワークを
行ったところ、これまではあまり意識することがなかった使命や役割に

ついて、過去の経験を通して語られました。また、ともに働く仲間の素晴らしい面をお互いに再認識することができ、なかには感動のあまり涙ぐむ方もいらっしゃいました。合宿の終了時には無事、組織のミッションを策定し、数値目標も設定することができました。

　その後、どうなったか。

　２年後、私は同じ部屋でワークショップの準備をしていました。その組織が成長し、成果を上げたため、今度は若手向けにミッションワークを行うためです。前回のワークショップ後、会社は大きく業績を伸ばしました。働く環境も改善し、売上だけでなく、休日も増加。組織として素晴らしい成果を上げたため、その秘訣を学ぼうと、この日は本部のスーパーバイザーや他県のフランチャイジーもワークに参加していたほどです。今では以前と比較して売上は60％向上、休日はなんと20日も増えました。

　業務を進めるうえで最低限の会話をしていれば、確かに仕事は進みますが、それだけで組織の一体感を感じることや、将来像を描くことは難しいと思います。業務「以外」の対話の機会をつくり、自分たちの仕事の意義、会社の将来像について考えてみましょう。もし可能ならば対面で行うことを推奨いたします。昨今ではオンラインによる会議が増えて

いますが、情報は伝達できても、思いや背景の細かいニュアンスや感情は対面のほうが伝わりやすいと思います。

## 継続した施策が大切

　この他にもエンゲージメントを高める施策は無数にあります。さまざまなケースを知り、試すことが成果につながります。また、他社の例がそのまま当てはまるわけではなく、自社の規模・属性・社風などに合わせてカスタマイズしていく必要もありますので、継続的にトライアンドエラーをしながら馴染ませていくことをお勧めします。もちろん経営上、全ての施策を打てるわけではありません。大切なことは、自社が向かう方向に対し、どんな人材を求めているのか、そして求める人材が活躍するステージにはどんな仕掛けが必要なのかを定めることです。経営者、人事担当者の皆さまを応援しています。

＜著者プロフィール＞

渡辺　徹（わたなべ　とおる）

ヒトベース株式会社　代表取締役
人材採用・定着アドバイザー
就職情報会社、出版社での勤務を経て、2010年に独立。
国や自治体の事業において、人事領域の経営相談を年間
100件以上担当。
「新卒者を初めて採用できた」、「自社の採用活動が地元誌
に取り上げられた」、「離職率が低下した」などの成功事
例がある。
国内トップシェア企業での新入社員研修、陸上自衛隊に

て３年間で約1500人の職種理解研修、人事担当者向け採用・定着セミナー、大学や高校などでのキャリアセミナーなどの登壇実績がある。
著書に『職場で居場所をつくり一目置かれる存在になる法』（セルバ出版）がある。

[講演・セミナーのテーマ例]
・職場で居場所をつくり、一目置かれるための新入社員研修
・定着率を上げるための新入社員受け入れ研修
・はたらく人のためのセルフケア研修（モチベーションとメンタルヘルス）
・定着する環境づくりで採用力を上げる人材戦略セミナー
・組織と個人のビジョン構築ワークショップ

連絡先（ホームページ、ブログ等のURL）：
ホームページ　https://hitb.jp/
メールアドレス　mail@hitb.jp

## 第 4 章

# マーケティング&
# 営業力がUPする研修

言うまでもなく、ビジネスの世界ではマーケットをめぐって競合相手と
戦わねばならず、そこで一定の成果を上げていくことが自らを存続させ
る条件となる。その点で、成果を上げやすい組織と上げにくい組織が存
在するのも確かだ。本稿では、組織と人のコンサルタントとして活躍す
る著者が、成果を上げていく組織の在り方とそこで縦横無尽に活躍する
人材を育成する方法について述べる。

# ビジネスを勝ち抜く
# 「外向き組織」になるための
# マーケティング実践研修

Thermalworks株式会社　代表取締役　富平晃行

## 「マーケティング」に対する誤解

　早速ですが、「マーケティング」についてどのような印象をお持ちで
しょうか。この本を手に取っていらっしゃる方は、組織や個人の成長、
その先にあるビジネスでの勝利に対する高い欲求をお持ちではないかと
思います。しかしながら、そんな方々であってもマーケティングについ
ては、「どこか自分の専門とは異なる、やや遠いところにある学問」と
いう認識、または「市場調査・商品企画・販売企画などのいわゆる『マー
ケッター職』や、一部の営業職のためのもの」という認識をお持ちの
方がいらっしゃるのではないかと思います。

　マーケティングとは、一言で言えば、「顧客視点に立ち、さまざまな
競合関係のなかで、自らの強みを活かした顧客満足の向上を目指すため
の諸活動」を学ぶものです。継続的な儲けの仕組みを作ることを目的と
しています。つまり、商売そのものです。

　私は「マーケティングは全てのビジネスパーソンにとっての義務教育」だと考えています。対顧客接点や対市場接点を持つ組織はもちろん、経営陣、人やお金の戦略に関わる間接部門、研究開発部門などあらゆる組織が商売の基本を学び、全社一丸となって顧客満足の向上を追求するべきです。

　しかし、前述のような誤解からマーケティングは学習テーマとして見過ごされ、あるいはごく一部の対象にしか実装されていないのが実情なのです。

## 内向き組織と外向き組織

　研修を実施しますと、たくさんのご感想やご意見を頂戴します。弊社が実施するマーケティング研修へのご感想の特徴は2つあります。まず1つは「身近なことを事例として取り上げていたのでわかりやすく面白かった（楽しく飽きずに受講できた）」というもの。そしてもう1つが「いかにこれまでの仕事が顧客や市場ではなく、社内に向いていたかを痛感した」というものです。

　上司や他部署の顔色をうかがい、本当の意味での顧客の問題解決提案をしてこなかったということに気づいた営業職の方や、いつのまにか、「社内のゴーサインが出やすい商品」を開発することが目的となってしまい、顧客や市場が求めているものを考え提案することを放棄していた、と自責される開発職の方から多くのお声を頂戴してきました。

　私はこうした組織を内向き組織と呼んでいます。顧客や市場という本来相対するべき「外」を向かず、社内の力関係の調整や部門間の主導権争いに注力してしまっている組織のことです。こうした組織が独自の付加価値を顧客に提供できたり、競合との差別化で大きなアドバンテージを得ることができるでしょうか。

　かつては顧客第一主義を掲げ実践していた組織が、いつのまにか内向

155

民間企業のみならず自治体や各種団体でもニーズの高まっている「マーケティング研修」

きになってしまった例などは枚挙に暇（いとま）がありません。組織・従業員が外向きな状態を維持することは容易ではないのです。

さて、内向き組織ができあがる要因は、従業員が社内を向いて仕事をしたいから、ではありません。従業員が社外（顧客・市場・世間動向）を見る目を持っていないから、なのです。社外を見る目を持っていないので、しかたなく社内を向いているだけです。社内の人間関係や力関係についてあれやこれやと思いを巡らせることは、仕事をしている気になる「自分自身に対する良い言い訳」になります。日本企業の衰退はこうした内向き組織が主導してきたと言えるでしょう。日本企業が衰退するなか、世界市場を相手に独自の価値提供をし続けてきたGAFAなどは、決して内向き組織ではなかったはずです。外を向くことによってしかビジネスは成長しないのです。

## マーケティングを学ぶことによって得られるもの

マーケティングを学ぶということは、狭義に捉えれば「顧客ニーズを捉える方法やデータの分析手法、さまざまなフレームワークなどを学習する」ことだと言えるでしょう。もちろん、それらの手法を習得することは重要です。しかし、企業内研修において従業員がマーケティングを学ぶことの意味はもっと広義で捉えるべきだと考えています。

それは、「組織の共通言語を持つ」ということです。

・そもそも顧客の抱えているニーズとは

・付加価値とは、顧客満足とは

・自社の持つ対競合優位性とは

・これからの自社を取り巻くビジネス環境は

　少なくともこれらのテーマについて、さまざまな部門の方々が共通の認識を持つことが重要です。あるいは、共通認識を持つに至らずとも、議論が起こっている状態が望ましいと言えるでしょう。そうして初めてビジネスを顧客や市場に向けて前進させることが可能になるはずです。

　私は大学卒業後に株式会社リクルートに入社し、人材採用の広告を制作する仕事を与えられました。どのような人材を採用するか（新卒・中途にかかわらず）ということは、その人材が担う仕事の特徴はもちろんのこと、そのクライアント企業がどのような成長をしたいのか、強み・弱みは何か、顧客や市場が今後どのような変化を遂げるかということと密接に関係しています。日々、クライアント企業の強みや市場環境を考えることが私の新人時代からの仕事でした。今思えば、外のことばかり考えていました。顧客のことを考え提案し、そして実行したうえでの失敗は咎められることはありませんでした。なんとなく社内で通りそうな企画を考えて提案した際には、つまらん奴だと言われました。私はこの環境で社会人をスタートできたことに今でも感謝しています。

　さて、少々話が逸れてしまいました。マーケティングを学ぶうえでのメリットとしてもう１つお伝えしたいことがあります。それは、一度身につけたマーケティングセンス（広くビジネスや社会を見る目を持っているという意味で使っています）は一生モノになる、ということです。日々の生活のあらゆるものが教材になります。最近流行っているお店は何が違うのか、なぜあの企業は業績不振なのか、AIによって変わるもの・変

わらないものは、というように、私たちの日常は、マーケティングの知識をいかんなく発揮し鍛えることのできる素材にあふれています。

　マーケティングセンス・スキルを伸ばしていきやすい方には共通の特徴があります。それは好奇心が旺盛であるということ。自分の今の業務に関係しないが、ビジネスに大きな変化をもたらしそうなことや異業種の問題とされていることなど、幅広い事柄に興味関心を持てるかどうか、が肝心です。

　言うまでもなく、これからのビジネスはITの進歩やグローバリズムのさらなる進行によって、これまでの打ち手が通用しないばかりか、予期せぬ市場の変化、競合状態の変容や新規参入があらゆるシーンで起こるでしょう。こうした、「変動性・不確実性・複雑性・曖昧性（VUCA）」によって目まぐるしく変転する予測不可能なビジネス環境を勝ち抜くために鍛えるべきはマーケティングセンスと確かなスキルです。

　組織の共通言語を持って全従業員が積極的に顧客や市場を見る。そんな組織づくりは容易ではありません。しかし、弊社のマーケティング研修を導入いただいた多くの企業から、僅かずつではあるものの着実に会社のなかの空気や会話の中身が変化しているというお声を頂戴しているということも事実なのです。脱・内向き組織のカギはマーケティングにあるのです。

## 「外向き組織」になるためのマーケティング実践研修

「外向き組織」になるためのマーケティング実践研修（名称は対象やコンテンツによって多少異なります）が各年次や各階層に与える効果には、以下のようなものがあります（主なものを抜粋）。

### ●若手から中堅社員向け

　日常の業務をこなす意識ではなく、顧客や市場を考える意識を根底に持って目の前の仕事に向き合っていただくスタンスを養う効果がありま

す。また、仕事を「やらされるだけのもの」ではなく、「自らの工夫ができる対象」として捉えるようになることで、人材のリテンション（つなぎ止め効果）に結びつき、早期の離職リスクを低減させることが期待できます。

## ●マネジメント層

　営業のみならずさまざまな部門の長となる方々に対して期待されている「自組織の成果創出」に向けたスキルの習得効果が挙げられます。上位組織や経営からのメッセージを汲み取ると同時に、市場や顧客を見て自組織の舵取りを行うためにマーケティングは欠かせません。そしてこの学びが、近い将来の幹部候補育成につながっていくことは明らかでしょう。

## ●経営層

　まさに自社の戦略づくりそのものを考えるシーンにおいて、マーケティングは不可欠です。勘や経験ではなく、論理的に組み立てられた戦略によって会社組織全体を導くことが目的です。研修ではじっくりと向き合う必要性から合宿型の研修となることが多いのが特徴で、一枚岩の経営ボードを形成することに大きく役立っているとのお声をよく頂戴します。

　最後に、本研修の具体的な流れについてご紹介をさせていただきます。大きく3つの流れで構成しています。

## 1：マーケティングセンスを養う

　ニーズやウォンツ、シーズの違い、顧客満足度の本質などマーケティングを学ぶための土台を作るプログラムです。日常にあふれるさまざまな商品・サービスを取り上げて理論的、感覚的にセンスを磨きます。

## 2：自社と競合の違い、顧客の理解

　マーケティングの土台を活用し、自社と競合・顧客の実際の関係をもとにして分析を行い、顧客の本当のニーズや競合企業との差別化要因など具体的なビジネス環境の把握を行います。また、現在のビジネス環境のみならず未来の環境変化も想像し、自分たちのあるべき姿を創造します。

## 3：実行プランの作成と打ち手の検討

　対象者によって異なる箇所ではありますが、「頭で理解したことをどのように日常に活かすか」という内容になります。今日は為になる話を聞けたという満足感で終わってしまっては意味がありません。学習した内容を成果に結びつけるための重要なまとめとなります。

　以上が弊社で実施しております「外向き組織」になるためのマーケティング実践研修の骨子です。脱・内向き組織。そのためにマーケティングを活用されてはいかがでしょうか。マーケティングはビジネスで勝ち抜く「外向き組織」になるためのカギであり、ビジネスパーソンにとっての義務教育なのです。

<＜著者プロフィール＞

富平　晃行（とみひら　てるゆき）

Thermalworks株式会社　代表取締役

組織と人のコンサルタント、国家資格キャリアコンサルタント

1975年生まれ、大阪市立大学商学部卒。新卒で株式会社リクルート入社。人材領域や進学領域をはじめ、さまざまな領域でプランニングとマネジメントを担当。

2013年、同社を退社しThermalworks株式会社を設立。組織と人材に関するクライアントの悩みに向き合い、「クラ

イアント自らが問題を解決できるようにサポートする」ことをミッションとし活動している。研修講師としてのべ850回以上登壇、2万人超へ直接指導を行っている。
著書に『若手が育つ組織づくりのはじめ方』（セルバ出版）がある。

## ［講演・セミナーのテーマ例］

〈人や組織の活性化を目的とした研修〉
・次世代リーダー育成研修
・マネジメント研修
・ダイバーシティコミュニケーション研修
・チームビルディング研修
・人を育てる組織づくり研修

〈ビジネススキルの向上を目的とした研修〉
・ロジカルシンキング研修　（ビジネスコミュニケーションの基本）
・問題解決基本研修　（職場や顧客の問題を解決する）
・プレゼンテーション研修　（正しく、強く相手に届く）
・マーケティング研修　（新しいビジネスを生む・自社の強さを分析する）

〈その他〉
採用・育成、組織づくりに関する講演
ダイバーシティやハラスメントをテーマにした講演
社内研修に対するお悩みコンサルティング
など。

## 連絡先（ホームページ、ブログ等のURL）：

ホームページ　http://thermalworks.jp
メールアドレス　tomihira@thermalworks.jp

営業の原理原則はシンプル。小手先のテクニックを駆使するよりも、まずはここに書かれたキモを実践すればきっと営業の質が変わること間違いなし！
本稿では、利益アップコンサルタントとして活躍する著者が、「売り込まずにお客さまにお願いされる」営業の極意を伝える。

# お客さまにお願いされる
# 営業の秘訣

other's　代表　佐山廣和

## プロローグ

皆さんは、どのように「利益」を生み出していらっしゃいますか？

価格？　納期？　性能ですか？　コストやプロダクトの善し悪しで選ぶだろうと、お考えになる方が多いと思います。

日本では、売上至上主義なので、売上額で考える方が多いのも事実ですが、重要なのは利益。

1万円の利益を出すために、1つ10円の利益の商品ならば、1000個売らなければなりません。しかし、1つ1万円の利益の商品ならば、1つ売れば良いことになります。

重要な観点は、1000個売るなら、1000人のお客さまが必要で、1個売るなら1人のお客さまで良いという至極当たり前の考え方です。

私も事業を行っていますが、稼いでくる人は私も含めて2人で、ほかに経理とパートさんの合計4人の超零細企業、マンパワーが足らず細部に対して用意できることは限られますが、幸せな毎日を送らせていただ

いており、相応に利益も出ています。ただ、私たちが売ろうとするから利益が出るのではなく、お客さまが買おうとするから利益が出るわけです。

　購入していただこうとする手段が、価格だったり、納期だったり、性能、加えて宣伝などなど。確かにそれも重要な事実ですが、世にあふれるほとんどは、商品として満足できるモノばかり。これも事実です。

　さらに付加価値を付けて売ろうとしますが、販売／生産側のエゴが多いかな？と、私は考えています。例を挙げると車内のエアコンが右と左で温度が変えられる機能。確実に要らないと私は思っています。

## 響く付加価値「あの人だから」

　とは言え、買っていただくプロダクトに優位性がなければ、必然は生まれず、偶然で売れるだけになります。では、どう付加価値をつけたら良いでしょうか？

　開発コストもかけられず、IT技術や流行りの動画編集のテクニックもたいして知らない。私もたいして知りませんし、その技術に時間とお金をかけたところで結果が保証されるわけでもありません。

　響く付加価値を策定したいので、自分自身が、なぜ買ってしまったか？／なぜ買わなかったか？を自問自答してみました。
「コスパ悪いのに買った、コスパ良いのに買わなかった」

　ここを紐解き、選択した自分の行動を考えてみると、商品や製品ではなく、「介在している人に左右されていることが多い」ことに気が付きました。

　高かったけれど店員さんが良かった、安かったけれどどうにも気に入らない営業さんだった。

　要するに実際はともかく、雰囲気で、「この人から買いたい」、「この人にお願いしたい」と決めていることが多いと感じています。実際のと

163

ころ、人はあまり悩みたくない生き物であり、誰かに任せたい生き物です。では、お願いされるにはどうしましょう?

## 「じゃ、それでお願いしますね」

2030年頃には不要になると言われている営業職、ある意味「生の人の力」がますます重要になるのも事実で、今現在のITやECでは実現できないだろう、コミュニケーションで「雰囲気」を存分に伝え、お客さまに自動的に思い出して頼まれる人になりましょう。

コミュケーションと言うと、話の内容に凝る方が多いですが、大切なことではあるものの、「聴いても良いかなぁ」、「聴きたいなぁ」、「あの人に頼む」と感じてもらうこと(雰囲気作り)が重要です。

雰囲気ができていないなかでのトークは相手が疲れてしまい、聴く気が失せ、結果的に頼まれないことになりかねません。そんななかで、聴きたいだろう?と思うことを一生懸命に説明すれば説明するほど、胡散臭くなる。そういう経験ありませんか?

コミュニケーションは相手があってのこと、まして、営業職は、相手重視なのは明白で、聴きたい! ポジション確率を率先しましょう。営業の内容は皆さんプロですから、十二分に知っているはずなので、その手前の

**聴きたくなる>買いたくなる>お願いされる**

ここを意識して、お願いされましょう。

たくさん存在するライバルを一歩も二歩もリードできます。

## 無意識と2つのコミュニケーション能力

実は、コミュニケーションには2種類ありまして、言語でのコミュニケーションを「バーバル・コミュニケーション」、言語ではないコミュニケーションを「ノンバーバル・コミュニケーション」と言います。

　よく聞くフレーズに、「第一印象は３秒で決まる」がありますが、下手すると１秒かもしれません。

　無意識のうちに「雰囲気」という抽象的なことで決定づけられてしまってはたまったもんじゃありません。意識してお願いされる人に近づきましょう。

　「話せば良い人」とも言いますが、気に入らない相手とはスタートラインにも立てません。

　人と人とのコミュニケーションにおいて、言語情報が７％、聴覚情報が38％、視覚情報が55％のウェイトで影響を与えるという「メラビアンの法則」、言い換えると93％は見た目や印象、醸し出す雰囲気で良くも悪くも決まってしまうと述べています。

　むろん、好印象を持っていただき、「お願いされる」ことが目的ですが、お願いされると「利益も出る」と言い切って良いと思います。

　日本では見た目優先や利益優先は、公言するとなぜかタブー視されやすいですが、導入時の判断基準では「無意識」のうちに最優先項目になっています。あなたはいかがですか？

　相手先の無意識をコントロールできる行動要素はたくさんありますが、すぐ実践できる具体的なことを５つお伝えします。

## 具体的な伝わらせ方

### ①表情

　一も二もなく、表情です。笑顔でいることは、好感を得られこそすれ、嫌がられることは決してありません。

　笑顔を出したことがない人が笑顔を作ると嘘っぽくなるのは、やっていないからです。食わず嫌いなようなモノです。

　具体的に言うと、歯を見せて口角を上げること、眉毛を上げることです。

眉を上げ、歯を見せて、口角を上げると、自身のイメージだと、変な人が完成していると思う方も多いようですが、目が鋭く、への字口に見えているより、数段印象は良くなります。私は自他ともに認める強面<sup>こわもて</sup>ですが、自分でも「馬鹿ですか？」くらいの表情を作ると確実に好印象で、「いつも笑っているよね？」と言われ、話しかけられやすくなります。馬鹿みたいだと自分で思っても、それが好評なら実行したほうが良いと感じます。なにしろ「無料」ですし。

　余談ですが、私は、顔がどうにもどんよりしている方とは一緒に写真に写らないようにしています。

　写真は延々と見られてしまうので、どんよりした人と一緒に写ると、私もどんよりした人の仲間と無意識に決定づけられるからです。


②姿勢

　まっすぐ立つ、きれいに歩けていますか？

　脚が開いていたり、斜に構えていたりするのは、本人がかっこいいと思っても、ほとんどの人にとっては、本当に厄介な人だと思われ、親交を深めてもらえません。まっすぐに立つ人、ポーズが適材適所な人に魅力を感じませんか？　モデルさんたちがやっているウォーキングやポージングの練習までは不要かもしれませんが、「魅せる」プロの人たちが実践しているということは効果があります。

　歩く時の具体例としては、手の振り方を後ろに引くように意識して歩くと颯爽<sup>さっそう</sup>として見えます。

　気のおけない友人に見てもらい指摘してもらうか、隠し撮りのように写真に撮ってもらい、素敵な立ち方、歩き方をしている人と比べて実践してみましょう。表情と同じく「無料」です。


③声

　声の大きい人が主導権を握る、なんて間違った印象を持っている人が

多いですが、そうではなく、はっきり伝わるように簡潔に間を持たせて話す。ここが感動と共感を生むポイントです。

声が大きいだけだと、「命令された感」が出てきて、逆効果です。

抑揚をつけ、間を取ることにより、相手が会話に参加するタイミングを作るんです。相手だって話したいかもしれませんし。ここで食い気味に話すと駄目ですよ。嫌な相手と判断されます。良かれと思ってやっても悪くとられるなら、やらなければ良いですし、「たくさん話さないといけない！プレッシャー」から解放され、話もしやすくなり、ひいては、話し方がうまい人という評価をされ好感も持たれ、聴いてみよう！と思われます。しつこいですが、これも「無料」です。

### ④清潔感

ここからは、少しお金がかかってきますが、見た目の「清潔感」も非常に大事です。なぜなら高収益化を図っている人は大概、清潔です。

具体的な例を挙げると、服のサイズ感が合っていること。大きすぎてダブついていても、小さくてピチピチも、好感は持たれにくいです。靴もキレイな（新しい）靴を履きましょう。こういう人に人は無意識で好感を持ちます。だからと言って、高額なモノはいりません。ヨレヨレになってきたら、捨てる！くらいの勢いが必要です。

タブダブの服にサンダル履きで、なぜか清潔感がある人もいますが、かなり高度な技で面倒なので、そんなことはしなくて良いと思います。

実は、この清潔感が非常に重要だと考えておりまして、清潔感の根底にあるのは、部屋が綺麗なこと、余計なモノは持たないこと、いらないモノは捨てること。美しい空間に身を置くと自身の清潔感は達成できると思います。こざっぱりした空間に身を置くと、体も綺麗にするようになります。

### ⑤臭いと匂い

同じ「におい」ですが、一般的には"良いにおい"は「匂い」、"不快なにおい"は「臭い」とされるようです。

ここで注意するにおいは「体臭」。

香水系も匂いと臭いがありますし、何日もお風呂やシャワーに入らず、汚い臭いを醸し出している人もいるわけです。

においは、結構遠くから伝わりやすいので、上手に使いたいなら、良い香りか無臭を目指してください。

臭い人が来た、香水のきつい人が来た。こうは思われたくありません。

## 考えればまだまだある

今回ご紹介した以外にも、例えば、プレゼントの包装紙が大手デパートのモノであることが感動を呼びやすく、中身がタオル1本であっても高級感ただよう包装であると喜びやすい。などなど、伝わり方はたくさんあります。伝わり方を意識してお願いされる営業を目指してください。

<著者プロフィール>

佐山　廣和（さやま　ひろかず）

other's代表、利益アップコンサルタント、ノンバーバル・コミュニケーションコンサルタント

およそ30年前、バブル最末期の花形職業システムエンジニアとして企業戦士を謳歌。

独立を考えていた際、妻の父の会社の事情を聴き、経営を間近で見られる！と転職。アナログ企業でしたが、顧客数が1000件超えの優良企業でした。まずは、IT化によりさらなる優良企業に成長。しかし、震災、HC台頭、

EC販売の価格競争、顧客の高齢化により業績悪化。

「人」を全面に押し出す営業戦略に切り替え、価格勝負以外の場所に活路を見つけ、100万円予定の工事が、500万円の工事になるなど高利益率化が完了。お願いされる企業を創った。

現在は、そうした実体験をもとにノンバーバル・コミュニケーション手法を交えた、「実体験からのお話に心が動きました」、「失敗談が最高でした」、「あぁーなるほど！そこ見てる！私も」、「これなら、私でもできる！」など、全国で反響続々の参加型講演や特化型セミナーを開催している。

## ［セミナー・講座］

・お願いされて利益30％UPセミナー

・人にモテ、チャンスにモテて、お金にモテる　三モテ講座

・見ているつもりが見られているノンバーバル・コミュニケーション講座

## 連絡先（ホームページ、ブログ等のURL）：

ホームページ　https://sayamahirokazu.com/

メールアドレス　info@sayamahirokazu.com

営業研修で大切なことは、まずは自社商品への理解を深めること。その
うえで「顧客にとってメリットのある提案」であることを前提に、「具体
的な論理構成」（セールストークの基本形）を、営業社員自身の言葉で組
み立てることが大切。
本稿では、黒字経営を実現する経営コンサルタントとして活躍する著者
が、効果的な営業研修の在り方をわかりやすく解説する。

# 持続的な増収体質を実現する
# 信頼構築型営業

至誠コンサルティング株式会社　代表取締役　藤井正徳

## 「オーダーメイドの営業力強化」の必要性

　筆者である私は、いわゆる研修会社ではなく、クライアント企業の売
上アップや利益率改善を実現するための経営コンサルティング業を本業
としています。これまでに製造業・サービス業・小売業・卸売業・運輸
業・建設業・医療介護など、さまざまな業界において経営改善の実績を
積み重ねてきましたが、どの業種や企業においても「自社の商品・サー
ビスの販売力強化」は共通課題となっています。その課題克服のために
営業研修を実施している企業もありますが、残念ながら本当の意味での
「成果」（売上アップ）につながっていないケースが多く見受けられます。
　弊社が提供する営業研修でお伝えするスキルは、「従業員個人のスキ
ルアップ」を目的とするものではありません。個人のスキルアップと会
社の業績アップには、一定の相関関係があったとしても、直接的な因果
関係があるとは言えません。世の中にはさまざまな営業テクニックがあ
りますが、仮に小手先のテクニックで顧客を幻惑して商品を売りつけた

としても、顧客との間に真の信頼関係を築けなければ、長期的には会社
にとってマイナスになります。

　また、「どんな業種・どんな商品でも万能に使えるスキルアップ研
修」でもありません。例えば、「ターゲット顧客は法人か？　個人
か？」、「販売するのは有形の商品か？　無形のサービスか？」の区分だ
けでも、営業現場が担うべき機能（具体的なアクション）は大きく異なり
ますし、業種特性・商品特性・販売形態等はさらに細かく企業ごとの違
いがあります。この違いを無視して営業研修を実施したとして、「良い
話を聞いた気分」にはなれるかもしれませんが、業績アップにはつなが
りにくいものと考えます。

　リアルな売上数字をアップさせるために最も重要なのは、「しっかり
とした営業戦略」です。当社の研修では、各企業で取り扱う「商品・サー
ビスの特徴」、「ターゲット顧客の属性」に合わせて、各企業の営業戦
略にもとづいて「営業部門が担うべき機能」を明確化したうえで研修内
容・進め方をオーダーメイドで組み立てます。営業戦略遂行のために必
要な能力をピンポイントで強化することで、営業現場において翌日から
すぐに「目に見える行動の変化」を創り出し、売上アップという定量的
な成果獲得につなげます。

　営業現場において「お客さまのお役に立ちながら、会社業績に貢献す
る」という好循環を創り出すことは、従業員のモチベーションアップに
もつながります。これまで貴社が培ってきた歴史・ブランド・商品・組
織体制などのプラットフォーム上で営業社員が自信と誇りを持って業務
に邁進することにより、顧客との強固な信頼関係を構築し長期持続的な
発展を目指します。

## STEP1　貴社における「商品・サービスの強み」への理解力を高める

「当社の商品は、お客さまひいては世の中のお役に立てるものであ
る！」、「競合他社の商品と比べても、自信を持ってお客さまにお勧めで

きるものである！」、「この素晴らしい商品を、必要としている多くの方に届けたい！」……このような自信と誇りを持って業務に邁進する社員は、貴社では何割くらい存在しているでしょうか？

　私がこれまで見てきた多くの企業の事例では、実態レベルで言えばこの割合は相当低いと考えたほうが無難です。一般的な組織運営では、心理学における「ネガティビティ・バイアス」によって、良い情報（感謝の声・成功事例等）よりも、悪い情報（クレーム・失注原因等）のほうが強く印象に残りやすい傾向があります。営業社員は感情のある人間であり、自らが良いと思えない商品を販売することには小さな罪悪感を伴うものです。こうなると、お客さまへの提案力（成約率）が下がるのみならず、活動量（商談件数）の減衰にもつながります。

　弊社の営業研修では、業種や商品特性に合わせたワーク（ヒーローインタビュー等）を実施します。取るに足らないと思われがちな小さな成功事例の積み上げから、帰納的に「当社および当社商品がお客さまのお役に立つという論理的な根拠」を固めていくプロセスを体感していただきます。「定型的なセールス話法をロールプレイングで身につける研修」とは一線を画すものであり、「営業社員自らが、身近で小さな成功体験をもとに、自分の言葉でセールス話法を組み立てる力」の強化を目的としています。

　このワークは、当社がこれまで販売不振で悩んでいる中小企業経営者に実践し、「うちの会社には特に自慢できる商品なんてない」という自信喪失状態から脱却させ、数々の成果を上げてきたコンサルティング手法の一角を成すものです。どちらかと言えば営業が苦手な中小企業の社長でも、「自社の強み・商品の強み」が腹に落ちれば、しゃべりの巧拙とは関係なく迫力のある提案活動ができるようになります。

　期待できる効果として、短期的な業績アップ（成約率アップ×活動量アップ）はもちろん、将来的には「部下のモチベーションを高めながら提案販売力を強化できる営業マネージャーの育成」にもつながります。

## STEP2　貴社における「ターゲット顧客のニーズ」の把握力を高める

　どんなに自信のある良い商品だったとしても、それが「誰にとっても常にベスト」であることはありません。商品・サービスの価値は「顧客ニーズ」によって相対的に決まるものであり、ニーズ把握が不十分あるいは齟齬が生じている場合には、当然良い提案にはつながらず成果を上げることはできません。

　おおまかに言えば、法人顧客のニーズは「利益が上がること（売上アップ・コスト削減等）」であり、個人顧客のニーズは「幸せになること（満足感・安心感等）」と分類されます。これをベースに一定の仮説を立てることはできるかもしれませんが、実際には「顧客１人ひとりが千差万別」であるのが事実です。このことを踏まえ、営業活動を効果的なものにするためには、なるべく短時間で、なるべく核心的なニーズを把握する力が必要となります。

　核心的な顧客ニーズに迫るためには、まず「入り口段階での信頼関係」を構築する必要があります。一般的には営業活動の初期段階では、顧客は警戒し心を閉ざす傾向がありますが、相手が心を開かなければニーズのヒント（悩み・不安・不満等）を聞き出すことは不可能です。

　当社の研修においては、常識的な礼儀作法などはすでにできている前提で、ターゲット顧客に合わせて「会社に対する信頼感」と「営業担当者個人に対する信頼感」の両方を醸成するためのフレームワークを構築します。顧客にご満足いただける提案活動を実施する前段階で、営業社員がヒアリング活動を通じて把握すべき「顧客情報」を明確化し、ヒアリング手法や情報管理手法等を組み立てていきます。

## STEP3　「ターゲット顧客にメリットのある提案」の伝達力を高める

　貴社および貴社商品の強みをしっかりと理解し、顧客の核心的なニーズを把握したうえで、顧客にとってメリットのある提案ができるように

なれば、その時点で業績アップ効果は十分に期待できます。ただし、どんなに優れた提案内容も、顧客がそのメリットを正しく理解できなければ、その価値は半減してしまいます。仮にメリットを感じていただけたとしても、心理学における意思決定の負荷・損失回避の心理・不確実性の恐れ等が示す通り、「決断の先送り（検討します）」に遭遇する場面が想定されます。

　あくまで「顧客にとってメリットのある提案」であることを前提に、当社の研修ではこれらの障壁を乗り越えるための「具体的な論理構成」（セールストークの基本形）を、営業社員自身の言葉で組み立てていきます。商品や顧客属性によっても異なりますが、基本的には「①顧客が買うべき理由の明確化」と「②買わない・決断を先送りする理由の排除」で構成されるフレームワークを用います。

## 信頼構築型営業の定着化・成果結実に向けたポイント

　一定期間の長いお付き合いを前提とするコンサルティングとは異なり、短時間かつ単発の「研修」の場合は、「学んだことを実践し習慣化するまでのプロセス」に特に留意する必要があります。研修という特別な場から、そのまま営業現場の日常に戻ると、現状維持バイアスによってせっかくの研修効果が薄れてしまいます。

　当社では、定着化に向けたアフターフォローにも力を入れており、特に「研修後１週間以内の実践と振り返り」を強く推奨しています。また、必要に応じて中長期目線での定着化を促進する「営業現場の仕組みづくり」も行っています。

　当社は「研修会社」ではなく「コンサルティング会社」であり、目に見える成果に貢献できて初めて存在価値があると考えています。真に顧客に喜ばれ、従業員が誇りを持って職務に邁進できる持続的な増収体質の実現に向けて、当社の営業研修が貢献できれば幸いです。

## 信頼構築型営業研修の全体像

**目的**
持続的な増収体質の実現
（目に見える成果指標＝売上高）

**前提**
企業ごとに「営業戦略」は異なる
➡ 戦略から導かれる「営業部門の機能」
　に合わせて必要な能力を強化する

**研修内容**
営業戦略（市場特性・商品特性・ターゲット顧客等）
に合わせたオーダーメイド型研修

①自社の強みの理解力

②顧客ニーズの把握力

③顧客メリットの伝達力

④クロージング力

受講者参加の
フレームワーク活用
⬇
営業現場で再現可能な
論理構築力と
具体手法を習得する

**実践・定着化**
営業現場における実践（フォロー）
➡ 定着化に向けた仕組みづくり支援

**成果**
顧客からの信頼度UP＝売上UP

営業社員のモチベーションUP

営業組織力の強化

＜著者プロフィール＞

藤井　正徳（ふじい　まさのり）

至誠コンサルティング株式会社　代表取締役

中小企業診断士

「数字×論理×感情」で黒字経営を実現する成果主義・現場実践型の経営コンサルタント。製造・サービス・建設・小売・卸売等の多種多様な業種を対象に、これまで1200社以上の企業相談対応実績がある。特に「このままでは潰れてしまう厳しい会社」の建て直しを得意分野とし、経営改善分野では岡山県下No.1の対応実績を有している。企業支援ノウハウの伝達のために、セミナー講師としても多数登壇。

著書『はじめて「資金繰りに悩む社長」を担当したときに読む本』（セルバ出版）。

[講演・セミナーのテーマ例]

・リアルな成果を導く「コンサルティング型営業」の基本と実践
・競合と差をつける「戦略志向の法人向け営業（BtoB）」
・社長の右腕となる「経営幹部のマインド醸成とスキルアップ」
・カネをかけず知恵で稼ぐ「現場で使える戦略的思考プロセス」
・実例から学ぶ「連続赤字・債務超過」からの建て直し実践

連絡先（ホームページ、ブログ等のURL）：

ホームページ　https://shisei-consulting.com/

メールアドレス　masanori.fujii.nature@outlook.com

次世代を担う候補である30代社員には、新たな課題を発見して解決する能力と言われるコンセプチュアルスキル（主に観察力、発想力、企画力、提案力）が求められる。

本稿では、マーケティングコーチとして多くの実績を持つ著者が、主に30代社員を対象に開発した「縄文型マーケティング発掘講座」を紹介する。

本講座は、コンセプチュアルスキルを鍛えるため、従来型の発想から、誰もが持ち得る妄想力を起点に新たな商品・サービスを生み出す発想法を習得する講座だ。

# 縄文型マーケティング発掘講座

株式会社スマイルマーケティング　代表取締役　髙橋健三

## 1部：なぜ縄文型発想が必要なのか？

　現代は次に起こることが予測不能なVUCAの時代と呼ばれています。そのような環境においてビジネスパーソンには、確実に業務をこなすテクニカルスキル、良好な人間関係を保つヒューマンスキルに加えて、新たな課題を発見して解決するコンセプチュアルスキルが重要となってきています。

　具体的には観察力、発想力、企画力、提案力などが求められます。しかしこれらのスキルはOJTで伸ばすことが難しく、今後のビジネスに重要な能力であるにもかかわらず、鍛えることが難しいテーマでもあります。よって研修においても、従来型の視点ではなく新たなテーマへの着目が必要です。

　そこで改めて注目が集まっているのが、縄文人の生き方にヒントを得る縄文型発想法です。2018年に東京国立博物館で開催された「縄文

展」には35万人が来場し、2021年には北海道・北東北の17の遺跡群が世界文化遺産に登録。1950年代に縄文時代の土器を見てその魅力を発見した岡本太郎にも改めて大きな注目が集まっています。そう、今や空前の縄文ブームなのです。ならば、そんな縄文時代の生き方を現代のビジネスに活かしてみようではありませんか。

　以上、1部では受講者に従来型の発想法に限界が来ていることを理解していただきます。

## 2部：さて縄文時代の3つの特徴とは？

　そんな縄文時代には大きく3つの特徴があります。1つめは食生活について。山で獲物を追いかける狩猟のイメージが強いかもしれませんが、春にはワラビやゼンマイなどの山菜、夏にはアサリやハマグリなどの貝類やマグロやカツオなどの魚類、秋にはクリやドングリなどの木の実、そして冬には鹿や猪などの動物を採集、漁労、狩猟していました。これは縄文カレンダーと呼ばれ、四季を通じた自然の恵みのなかで豊かに暮らしていた様子を伝えています。

　2つめの特徴としては、約1万年以上続いた縄文時代は、竪穴式住居を円形に並べて暮らす環状集落を形成していたのですが、出土される状況を見る限り人々が争うための武器はなく、とても平和に暮らしていたと言われています。

　そして3つめ、生活スタイルを見ても、貝のブレスレット、ひすいのペンダント、石で作ったイヤリングや土で作ったピアスなど、お洒落も十分に楽しんでいたそうです。さらには、土器や土偶のデザイン性を見ても、現代人以上にアート感覚に優れていたと思わせる要素が満載です。

　近年、多くの企業がSDGsへの取り組みを行っていますが、縄文人は1万年以上前からサステナブルで、平和で、豊かな生活を営んでいたと言えるかもしれません。

以上、２部では受講者に縄文時代が注目されている３つの特徴を理解していただきます。

## ３部：縄文人の気質をチェックしてみよう！

では、ここで皆さんの縄文人気質をチェックしてみましょう。これは講師がこれまで観察してきた縄文時代の土器や土偶など遺跡を巡るなかで、きっと縄文人はこのような気質を持っていたのでないかと考え、リストアップした項目になっています。

８つのキーワードを紹介していますので、１つずつチェックしながら、自分自身の感覚に近いものを選んで、その数をカウントしてみましょう。

### 私の縄文人気質チェック

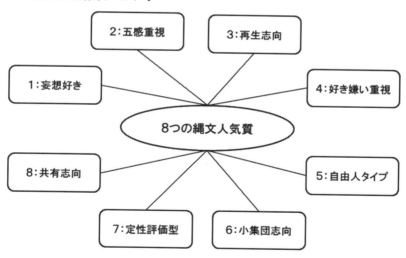

いかがでしたか？　診断結果は下記の通り。１～３個の方は縄文人気質［弱］、４～６個の方は縄文人気質［中］、７～８個の方は縄文人気質［強］となります。

このチェックは決して思考の良し悪しを決めるものではなく、社員の基本的な思考のなかの縄文度を確認するものです。

　例えば、新規事業の創出チームには妄想力に溢れる縄文人気質の強い人を配置し、既存事業のオペレーション管理には、縄文人気質の弱い人を配置するなど。その特性に合った業務への配置を行うことを目的としています。1点だけ注意するとすれば、新規事業の創出チームのメンバー全員が縄文気質の弱い人の場合は、過去の前例にこだわるあまり、ゼロイチの成果に期待できないかもしれません。

　以上、3部では受講者自身の縄文人気質をチェックしていただきます。

## 4部：縄文型マーケティング実践企業例

　では、そんな観点から縄文型マーケティングを実践している企業をいくつか紹介していきましょう。愛媛県今治市のイケウチオーガニック。「風で織るタオル」をコンセプトに風力発電で起こしたエネルギーでオーガニックタオルを製造、販売しています。その年に収穫したオーガニックコットンだけを使った「コットンヌーボー」という商品も毎年発表しています。兵庫県豊岡市の中田工芸。「ハンガーをきっかけに人の出会いやつながりを創出する」をコンセプトに、木製ハンガーの販売やオーダー対応を行っています。「ハンガーは日本語で"服掛け"だが"福掛け"でもある」という発想から結婚式の引き出物や企業の周年記念品など、めでたい贈り物として人気を集めています。大阪府吹田市の「生きているミュージアム」ニフレル。「感性にふれる」をコンセプトに、生きものをこれまでの図鑑型分類ではなく、いろ・わざ・およぎ・などで編集し、アート感覚たっぷりに生きものの魅力を紹介しています。そして館内では音楽ライブ、ナイトヨガ、フォトウェディングなど多彩な活用法も提案しています。大阪府大阪市の御舟かもめ。「川に浮かぶ小さなおうち」をコンセプトに、水都大阪でのクルージングサービスを提

供。10人乗りの小さな舟は定期便の他に貸し切りも可能で、音楽会やお茶会など自由なアイデアを持ち込み、舟上で過ごすことも可能です。

　さて、ここまで4つの事業を紹介しましたが、その共通点についてお気づきでしょうか？　それは「風」「木」「生きもの」「川」とそれぞれの事業が自然とつながっているということです。縄文人が四季の恵みとともに平和に暮らしてきたように、それぞれの事業は自然とつながり、サステナビリティを感じさせます。これこそが「縄文型マーケティング」の特徴の1つと言えるでしょう。

　以上、4部では縄文型マーケティングの実践例を学んでいただきます。

※掲載企業のURL
　イケウチオーガニック　https://www.ikeuchi.org/
　中田工芸　http://www.hanger.co.jp/
　ニフレル　https://www.nifrel.jp/
　御舟かもめ　https://www.ofune-camome.net/

## 5部：妄想から生み出すビジネスのヒント

　ここまでの話で縄文型マーケティングのポイントをご理解いただけたことと思います。ここでは講師自身がこれまでに得意とする妄想力で開発してきた商品やサービスについても紹介します。必ずしも自然とのつながりがあるわけではないですが、発想のヒントになれば幸いです。

　阪神タイガース公式応援グッズ「眼力めがね」：甲子園球場に来た対戦相手に向けて観客が皆トラに変身して威圧するためのグッズ。水都大阪2009連携企画「OSAKA旅めがね」：国内添乗員の資格を取得して地元京橋を案内するツアーガイド。「御堂筋野菜クラブ」：オフィスで枝豆やプチトマトなど野菜を育てて収穫祭で持ち寄った野菜を楽しむ活動。「せんば仏像カフェ」：さまざまな種類の仏像フィギュアを眺めながらゆっくりと珈琲が飲めるカフェ。

このようにコンセプチュアルスキルである観察力、発想力、企画力、提案力を活かせば、皆さんもすぐに新しい商品・サービスを生み出すことができると思います。

　以上、5部では妄想から商品・サービスを生み出すヒントをつかんでいただきます。

## 6部：1日1ビジネス妄想法とは？

　では、そのようなアイデアはいったいどこから生まれるのでしょうか？　最近は情報化社会と言われ、毎日スマホに世界中から情報が飛び込んできます。しかしながら、自分自身が本当にやりたいことはあるのでしょうか？

　講師は日々、さまざまな人に会ったり、本を読んだり、体験したりした時に思いついたことを「1日1ビジネス発想」として書き留めています。月末には1カ月間のメモを読み直し、その月のベストアイデアを簡単なビジネスモデルにまとめています。例えば「カンパニートロフィーカンパニー」。社員の働きぶりをカタチにして評価することは大切です。昔は勤続ウン十年で時計をもらったり旅行券をもらったりすることがありました。今は個性的な取り組みに対して評価する時代です。そこで考えたのが、表彰すべき社員の取り組み内容をイメージしたオリジナルデザインのトロフィーを製作するサービス。デジタルコンテンツがあふれる時代だからこそ、手に取って飾ることができるトロフィーで社員のモチベーションも上がること間違いなし。

　次は「耳で旅するアートカフェ」。美術館、博物館に行けば、入り口で音声ガイドを借りることができ、1人で観覧するだけではわからない展示について、詳しい解説を聞くことができます。とは言え、北海道や沖縄など遠方で開催される企画展にはなかなか足を運べないのが現実。そこで、全国どこにいても観たい展示会があれば、先に図録を入手したうえで、音声ガイドを聞きながら疑似体験できるサービスを提供。これ

で自宅に居ながらにして全国の美術館・博物館を楽しむことができます。

　いかがですか？　このようなカタチで毎日１ビジネスの妄想を１年間続けると365本のアイデアが蓄積でき、そのなかから最も自分がやりたいことを選んで次の企画につなげていけます。本講座では講師が考えた365本のアイデアをベースに、自分のやりたいことを見つけていただきます。ゼロからの発想が苦手な方でも、タタキ台があればそこへの肉付けやアレンジで発想が拡がります。

　以上、６部ではタタキ台となる365本のビジネスアイデアをベースに発想を膨らませます。

## ７部：縄文型発想力を伸ばすためのインプット方法

　とは言え、アイデアを生み出すことはアウトプットであり、たくさんのインプットがなければアウトプットは叶いません。そこで着目すべきがリベラルアーツ、つまり大人の教養です。リベラルアーツを構成する要素にはたくさんのカテゴリーがありますが、講師は科学、歴史、民族、信仰、哲学・芸術、民藝、産業の７つのテーマをベースに日頃から博物館、美術館、遺跡などを巡っています。出張がある時はチャンスなので、講演や研修会場の場所を確認後、付近にある博物館や美術館を探して仕事の前後に訪問するようにしています。また、そのような知識は自分だけに留めることなく講演資料としても要約しています。ご興味があれば、本講座のなかでエッセンスを伝えることも可能ですし、別途、大人の教養講座として開催することも歓迎です。

　面白いのは、これらの知識は探求すればするほどにつながりが出てくること。例えば、今回のテーマである縄文文化は、北海道のアイヌ文化に引き継がれていますし、再生を基本としたその文化風習は、遠く琉球民族と共通することがあります。詳しくはまた講座にてご堪能ください。

以上、7部では発想の源は日頃からのインプットにあることを理解していただきます。

　さて、ここまで「縄文型マーケティング発掘講座」をご紹介してきましたが、学校の授業でも詳しく学ぶ機会がなかった縄文についてあまり身近に感じることができないかもしれません。しかし、国立遺伝学研究所の調査によると、我々現代人は縄文人のDNAを12％持っているそうです。つまり、縄文人の話は決して他人の話ではなく、実はご先祖さまの話だったということです。ともすれば直感ではなく客観的な思考がビジネスの世界では重視されてきたと思いますが、予測不能なVUCAの時代こそ、従来型の発想だけに頼ることなく、縄文型発想をうまく取り入れていこうではありませんか？　本講座が新たな商品・サービスを発掘するきっかけになることを願っております。感謝！
※本講座は半日（4時間）での提供を想定していますが、講演（2時間）や一日研修（7時間）や合宿型研修（2日間）へも対応可能です。

＜引用・参考文献＞
山田康弘監修（2021）『地図でスッと頭に入る縄文時代』昭文社
譽田亜紀子（2017）『知られざる縄文ライフ　え？貝塚ってゴミ捨て場じゃなかったんですか⁉』誠文堂新光社

＜著者プロフィール＞

髙橋　健三（たかはし　けんぞう）

株式会社スマイルマーケティング　代表取締役／なにわ
のマーケティングコーチ・CEO

2003年、株式会社スマイルマーケティングを設立。なに
わのマーケティングコーチとして企業、行政、大学、商
工会議所、JC等で年間100本以上の講演や研修に登壇。身
近な事例をふんだんに使う講座は、誰にでもわかりやす
いと定評がある。本講座の他にも、新入社員を対象とし
た「なるほどマーケティング入門講座」や経営幹部を対
象とした「SDGsマーケティング導入講座」も人気があ
る。グロービスオリジナルMBAプログラム修了。日経MJの記事をヒントにしたコラ
ム「ちょっと気になる4P戦略」をメルマガで配信中。

主な著書等に、『もう安売りしかないと思う前に読む本』（セルバ出版）、『コンサルタン
トが使っているフレームワーク思考法』（中経出版）、ビジネスマンのネタ帳「スマイル
マーケティング手帳」（SMILE-MK）などがある。

[講演・セミナーのテーマ例]

・なるほどマーケティング入門講座
・SDGsマーケティング導入講座
・縄文型マーケティング発掘講座
・大人の教養曼荼羅講座
・マーケティング妄想バー
・はじめてのまーけてぃんぐ指南

連絡先（ホームページ、ブログ等のURL）：

ホームページ　https://www.smile-mk.com
メールアドレス　kenzo@smile-mk.com
SNS　https://www.facebook.com/kenzotakahashi2525

営業スタイルには、個人営業もあれば何人かが団結して行う集団（チーム）営業もあり、また、その両方を兼ね備えたスタイルもある。なかでも、チームで行う場合は、チーム性が十分に発揮されなければ、望む成果を出せないこともある。
本稿では、セールスチームをつくる専門家として多くの実績を持つ著者が、営業チームを成功させるためのステップと秘訣をわかりやすく説明する。

# 営業チームを成功へ導くための
# ３つの秘訣

株式会社コーチングプロジェクト　代表取締役　松本瑞夫

## はじめに

「セールス」の定義とは一体何でしょうか？

　人は、言葉をどのように定義するかによって行動が左右されます。例えば、「セールス」を「買わせること」、「売り込むこと」のように無意識に定義している人は、お客さまに対して、自己都合で説得型のセールスを無意識に行ってしまいます。そのようなやり方ではお客さまから敬遠され、成約率が下がることは言うまでもありません。「数打ちゃ当たる」方式の営業スタイルは再現性が低いですし、自分の心も疲弊してしまいます。

　「どうすればお客さまの迷いを減らすことができるか？」、「どうすれば成約率を高めることができるか？」、これらは多くのセールスパーソンが抱いている問いです。しかし、それらを一気に解決できるような、都合の良い方法はありません。お客さまの迷いを減らし、成約率を高めることは、「論理的なセールスプロセス」の結果にすぎないからです。セ

ールスの定義とは、「プロセス（過程）」であり、「人間関係の構築」と「問題解決」です。

　すなわち、セールスの成約率を高めるには、「人間関係の構築」と「問題解決」へと向かう「論理的なセールスプロセス」を歩む必要があります。営業チームを成功へ導くリーダーは、前提として、そのプロセスを十分に理解しておく必要があります。

参考：『セールス・アドバンテージ』（2005年/創元社/D・カーネギー協会）

## 秘訣1　再現性が高いノウハウを実践する

　弊社が提唱している「論理的なセールスプロセス」は次の6ステップです。

### 論理的なセールスプロセス

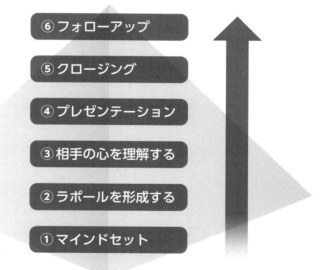

「論理的なセールスプロセス」における「マインドセット」とは、売れ続ける思考法を身につけ、自分を理解し、在り方を整えることです。セールスパーソンの思考や在り方はお客さまに影響を与えます。例えば、

お客さまの課題を明確にするために、質問を投げかけて未来像を語ってもらう時、セールスパーソンが自分の未来像とどの程度向き合えているのかが、お客さまの思考や判断に大きな影響を与え、結果を左右します。自分自身に深い興味と関心を持てる人は、お客さまに対して共感力を発揮することができます。傾聴スキルや質問スキルなどを活用しても、セールスパーソンの在り方が整っていなければ、セールスがうまく機能しにくい状況が続きます。

「論理的なセールスプロセス」に「カウンセリング」、「コーチング」、「実践心理学」、「脳科学」、「言語スキル」を融合し、成約率を1.5倍にする『コーチングセールス』をトレーニング研修でお伝えしています。端的に言えば、「お客さまのコーチ的存在になろう」ということです。

お客さまの視点に立てば、商品・サービスと、それを売るセールスパーソンは常にセットに見えますから、商品・サービスがどれだけ良くても、お客さまは担当者を気に入らなければ買う気にはなりません。今の時代は、商品・サービスの差別化が難しいうえに情報が手に入りやすいので、お客さまは付加価値や頼れるコーチ的存在を潜在的に求めています。真の差別化は、お客さま以上にお客さまを理解し、伴走するコーチ的存在になることと言えます。

仮に、営業リーダーが部下より営業経験が少ないとしても、セールスの原理原則や、理想的なセールスノウハウがどのようなものであるかを熟知しておく必要があります。なぜなら、チームで戦略・戦術を共有する際に、メンバーがセールスプロセスのどの箇所で躓いているのか、何が不足しているのかなどを見極める必要があるからです。

## 秘訣2　対話によってメンバーの主体性を引き出す

セールスには「お客さまとの双方向のコミュニケーション」が必要であり、部下育成には「部下との双方向のコミュニケーション」が必要です。双方向のコミュニケーションとは、質の高い対話を意味します。つ

まり営業リーダーには、対話への深い理解と、対話力そのものが求められるということになります。

　セールスパーソンの思考や在り方がお客さまに影響を与えるように、営業リーダーがメンバーと接する時には、営業リーダーの思考や在り方がメンバーに影響を与えます。例えば、営業リーダーが夢や仕事のゴールと真剣に向き合い、行動を起こしているかどうかが、部下の思考や行動に大きな影響を与えるということです。

　1on1面談などにおいて、部下を動かすための技術（スキル）は当然大切ですが、ベースとなるのは小手先の技術（スキル）ではなく、思考法や在り方、そして部下を信じる力です。それらを整えずして、技術（スキル）を使いこなすことや、部下の主体性を引き出すことは難しいと言えます。

　会社存続のために組織（部署）の達成すべき目標値があり、メンバーの目標値もあります。「人生やキャリアにおいて、目標を達成することがどのような意味をもたらすのか」などをともに考えて伴走し、メンバー間にも真剣な対話を生み出せるリーダーこそ、真のリーダーと言えます。それはつまり、「チーム（部下）のコーチ的存在になる」ということです。

## 秘訣3　効果的なチームビルディングを行う

　メンバーが良い行動計画を立てたとしても、心（モチベーション）が伴わない限りはうまく実行できません。逆に、行動するためのノウハウがないと、心だけでもうまく実行はできません。つまり、心と行動の相互作用で結果を出すノウハウが必要になります。具体的には、「チーム所属意識の向上」、「モチベーションの向上」、「団結意識の向上」などの変化と、「建設的な問題解決力」、「エネルギッシュな行動力」、「円滑なコミュニケーション力」などの行動の変化が求められます。また、メンタルヘルスへの配慮も重要です。

それらを同時に満たす手法として、弊社はリチーミング（フィンランド式チームコーチング）研修を提供しています。この研修プログラムは、解決志向の心理学をベースに、精神科医と社会心理学者が開発したもので、メンバーの個性や能力を活かし、逆境をチャンスに変えることができるものとして評判を集め、ヨーロッパを中心に世界27カ国に広まっています。前編、実践、後編の３部構成で、組織のチームワークを高め、個々の主体性を引き出す12ステップからなるチーム育成プログラムです。

## チームのベクトルを合わせる

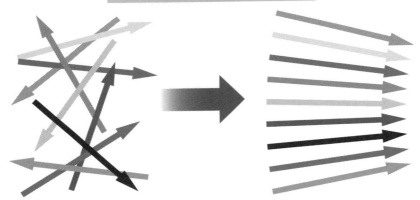

01．理想像を描く

02．ゴールを決める

03．サポーターを募る

04．ゴール達成の利点を探る

05．すでにできていることを見つける

06．より細かいステップにする

07．困難を認める

08．自信をつける

09．第一歩としてやることを周囲に公言する

10.　成長の記録をつける
11.　想定される失敗の準備をする
12.　成功を祝い、サポーターに感謝する


　フィンランドは世界幸福度ランキング６年連続１位の国として知られており、世界各国がその思考のプロセスを学ぼうとしています。国際競争力や教育力の質の高さで注目を集め、世界に先駆けて国全体で自殺予防に取り組み、10年間で自殺率を３割減少させた国としても知られています。昨今、「幸福経営」が求められている日本の企業においても、大いに参考になる思考法と言えます。

## おわりに

　不幸せな社員に比べて、幸せな社員は、創造性が３倍、生産性が31％、売上が37％高いと言われています。（参考:Harvard Business Review/2012年５月号「幸福の戦略」P62〜63）会社で幸せを感じる大きな要因の１つは、周囲との「関係性の深さ」であると私は考えています。マサチューセッツ工科大学のダニエル・キム教授が提唱した「組織の成功循環モデル（グッドサイクル）」では、「関係の質」が最終的に「結果の質」を高めることが示されています。「関係の質」を高めるには、日々の「対話の質」を高める必要があります。そのような意味においても、対話力が求められる営業リーダーは、チームの成果やメンバーの幸せに大きな影響を与えると言っても過言ではありません。

　変化のスピードが速く、幸せの定義が多様化しているこの時代において、営業チームを成功に導くためには、支配型（トップダウン型）リーダーシップよりもサーバント（奉仕型、支援型）リーダーシップが求められます。後者は、メンバーの自己実現や目標達成を支援する力であり、メンバーの強みを引き出し、メンバーの能力を信じる力です。つまり、対話力に優れた「コーチ的存在」が企業には求められています。

<著者プロフィール>

松本　瑞夫（まつもと　みずお）

 株式会社コーチングプロジェクト　代表取締役
コーチ型セールスチームをつくる専門家、NLPセールス
トレーナー、リチーミングコーチ
1981年、兵庫県生まれ。甲南大学文学部人間科学科卒業。
大学時代に家庭教師として多くの学生の受験勉強に伴走
し、人の成長に関わる喜びを知る。金融機関に14年間勤
務し、営業リーダー、営業トレーナーとして実績を残す。
2019年、SALES ON JOURNEY創業。営業人財をサポー
トする専門家として活動。

2021年、株式会社コーチングプロジェクト設立。ウェルビーイングを高める組織開発コ
ーチとして活動中。オーダーメイドのプロジェクトを企画し、マネージャー・リーダー
層とともに営業部門の活性化を図ることに定評がある。日本国内のリチーミングコーチ
の1人。
著書に『変化に強いサラリーマンが密かに使う、ワンランク上の自問術　仕事の不安を
解消したいあなたへ』（propus）がある。

### ［講演・セミナーのテーマ例］

・コーチングセールス
・コーチ型マネージメント
・リチーミング（フィンランド式チームコーチング）

### 連絡先（ホームページ、ブログ等のURL）：

ホームページ　https://coaching-project.net/
メールアドレス　info@coaching-project.net

## 第 5 章

# 経営者・管理職者の
# マネジメント能力が
# 向上する研修

企業の成長の原動力は人材。優れた人材は優れた上司に影響を受けながらより成長していく。

本稿では、組織に強い影響を与える管理職の育成について、管理職研修のスペシャリストである著者が解説する。

# 管理職研修の企画・実施に向けて大切なこと

ビジネスディベロップサポート　代表　大軽俊史

## 管理職に期待される能力開発テーマ

### 〜管理職として大切なのはマネジメント能力〜

　ビジネスパーソンには大きく次のような3つの能力が求められます。（図表1参照）

1）**マネジメント能力**：管理職になるとより求められる戦略思考や財務会計、部下育成、論理的思考、リーダーシップなどがこれに該当します。

2）**専門力**：営業担当であるなら営業力、技術者であるなら技術力を高めるなど、自己の実務遂行能力のことを示します。管理職であってもまだ、実務遂行が求められますので、当然、必須の能力となります。

3）**人間力**：ビジネスマナーの実践力や自己のキャリア開発のことを示します。人として、社会人として、部下に模範を示すべき管理職の立場として、引き続き必要となります。

## 図表1　管理職に期待される能力開発テーマとは？

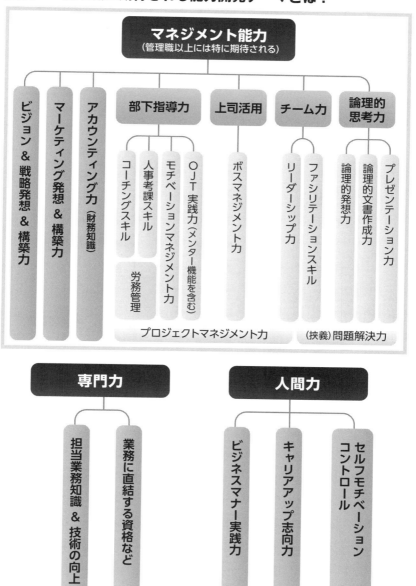

## 図表2　役割階層別のマネジメントの範囲と能力開発テーマ一覧

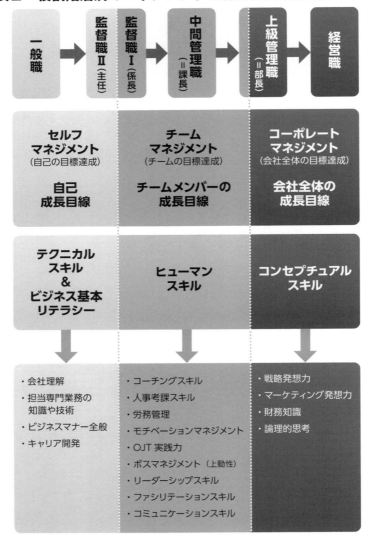

上記3つの能力も「優先順位」が階層区分により異なります（図表2参照）。

一般職階層（新人・若手層）には、2）の専門力、3）の人間力がよ

り求められ、監督職階層（主任・係長クラス）には、1）のマネジメント
能力の一部が加担されます。管理職や経営職は、1）のマネジメント能
力が中核的能力となります。そして、中間管理職には、1）のマネジメ
ント能力でも特に、部下育成やリーダーシップなどのヒューマンスキル
が最重要と学術的には定義づけされています。

　以下、管理職のマネジメント能力を育成するために、「研修」という
1つの育成手段を有効に活かす方法について解説いたします。

## 研修を企画・実施するうえでの３つのＮＧとは?!

　研修を企画・実施するうえで大切なのは、あくまで自社の実情（経
営・人材ビジョンや現状の問題点など）に沿った「研修の基本コンセプト
（誰に？　何を？　どのように？）」を掲げ、実施されることです。しか
し、現実には次のような「ＮＧ！」と言わざるを得ない研修を企画・実
施されるケースも存在します。


（ＮＧその①）形式＆義務的な予算配分型の研修
　毎年、予算が計上されており、ルーティン的に取り組まれるパターン
です。ルーティン自体が悪いわけではなく、内容、時期、研修会社、進
め方などが見直されないことに問題があります。


（ＮＧその②）トレンド追随型研修
　例えば、「競合他社がやっているから」、「今、話題だから」という安
易な動機での研修企画は芳しくありません。これは往々にして、経営者
や人事部の嗜好で企画されることが多く、受講者である管理職との間で
意識の乖離が生じることもあります。
　基本、管理職の多くは、トレンドやアカデミックさを求めているわけ
ではなく、切実な課題解決へのヒントを求めています。

（NGその③）研修会社依存型研修

　研修会社・講師への丸投げも問題です。研修会社は往々にして、自社の開発商品や担当講師の得意分野を主題として提案する傾向にあります。それが貴社のニーズに合致していれば何ら問題は生じませんが、そうでないケースも散見されます。あくまでも、発注側である貴社の思いをぶつけ、相互の話し合いでカリキュラムや進め方を決めることが肝要です。

## 研修実施に向け、まずは、基本コンセプトの設計が重要

　研修の基本コンセプトの設計とは、目的に則り、「誰に？　何を？　どのように？」を定めることです。カリキュラムや進め方、回数の選択、講師の選定は、あくまで研修コンセプトに則ることが何より重要です。

### 〈管理職研修の基本コンセプト検討例〉

１）誰に？

　　研修対象の範囲をどこに定めるのかを検討します。課長職に限定するのか、部長代理や係長クラスまで範囲を広げるのか、新任課長職に限定するのかなどを検討しなければなりません。正解があるわけではなく、あくまで企業としての育成ポリシーです。

２）何を？

　　「誰に」とセットで検討すべきなのは、「何を」です。つまり、役割認識なのか、戦略構築力なのか、部下育成力なのか、財務知識なのかなど、「研修テーマ」の検討・選択です。

３）どのように？

　　「誰に？　何を？」が決まれば、最後に「どのように？（講義主体？あるいは討議主体？　回数、研修会社の選定など）」を検討します。しかし、現実には、真逆のプロセスで検討される企業もあります。例えば、「管理職研修を実施したい。討議を主に、事前事後課題の有無・内容は？　回数は？」などを先に設定されようとするケースです。まずは、「誰に？　何を？」の設定が先決です。

　筆者は、管理職研修を実施するベストターゲットは「新任管理職昇進者」と考えます。まずは１日、マネジメント基礎講座として、役割認識と部下育成の重要性を認識し、管理職としてのマインドセットを行います。

## 今、最も有効と考える新任管理職のマインドセットとは？

### 〈新任管理職研修の企画・プログラム例〉

### １）研修全体を通して

　管理職研修の実施にあたり最も大切なのは、「そもそも管理職とは何か？」、「管理職に求められる適正な時間配分とは何か？」の理解を通じて、「プレイヤーからマネジャーへの意識の転換を図ること」に尽きます。優秀なプレイヤーが自動的に優秀なマネジャーになれるわけではありません。まずは、研修全体を介して、個別の役割・能力云々ではなく、管理職のミッションを心底理解し、現状とのギャップを認識していただくことが先決です。

### ２）個別内容について

　個別には以下の内容を網羅的に取り上げます。


①方針の理解・策定・伝達・修正の重要性

　経営理念やビジョン、トップの経営基本方針の理解が求められます。それを踏まえ、部門長は部門方針を、課長クラスは課の方針を策定し、部下の目標や役割に落とし込み、目標管理に連動させ、進捗（しんちょく）を管理し、必要に応じ、方針の上方・下方修正を打診する一連の活動が必須となります。とりわけ重要なのは、しっかり時間を確保し、自分の言葉に翻訳して、方針を部下に伝達し、理解を求めるプロセスにあります。


②プレイヤーとして自己の担当業務の推進の重要性

　プレイングマネジャーとして、プレイヤー業務を遂行することも、

# 図表3 新任管理職研修1日コース基本カリキュラム例

**学習のポイント**

① 管理職の役割とは？
「実務のプロ」と「マネジメントのプロ」と何が異なるのか？を徹底考察
② 上記①の中でも特に、
「部下育成のマネジメント（心とOJTスキルの2軸）の意義」を考察
③ 上記を介して、課長クラスとしての自己のマネジメント課題を明確化

| 時間 | 内容 |
|---|---|
| 10：00 | **1. 経営の好循環サイクルの確立こそが経営の目的** |
| | **2. 課長・マネジャークラスの厳しい現実とは？** |
| | (1) 今、最も疲弊している中間管理職の実態 |
| | (2) あなたの現状は？ |
| | **3. 管理職の5つの役割と時間管理力** |
| | (1) ブレストの練習と第一次ディスカッション |
| | (2) 講師解説 |
| | (3) 管理職に期待される時間配分とは？ |
| | **4. プレイヤーのプロとマネジメントのプロは別物！** |
| | (1) 有能な実務家は多数存在！皆様もその一人！ |
| | (2) それに加え、マネジメントとしても優秀とは？ |
| | (3) あなたの進むべき方向は？ |
| | **5. 管理職に求められる「戦略思考力」とは？** |
| | (1) 経営者的な戦略思考も不可欠 |
| | (2) あなたの戦略思考力の現状は？ |
| | **6. マネジメント力向上に必須の能力開発テーマ** |
| | **7. 部下育成の本質（概論）** |
| | **〜「メンタリング」と「OJT」の両立が育成のツボ〜** |
| | (1) 本セクションにおける5つの投げかけ |
| | (2) OJTとメンタリングの区分とは？ |
| | (3) モチベーション理論から考察 |
| 17：00 | **8. 部下による組織・上司への安心感を高める** |
| | **「メンタリング」の効力とツボ** |
| | (1) メンタリングとは？ |
| | (2) メンタリングコミュニケーションの事例紹介 |
| | (3) 現代のマネジメント課題と昭和の上司 |
| | **9. 実践的指導である「OJT指導力」のツボ** |
| | (1) OJTの基本5つのステップ |
| | (2) OJTフォーマットの有効活用 |
| | (3) OJT2つの実践ポイント ①ティーチングアプローチ ②コーチングアプローチ |
| | **10. 本日の研修の総まとめ** |
| | **〜管理職として大成される人と伸び悩む人〜** |

＊上記はあくまで、プログラムの一例です。実施にあたっては、クライアント様のご意向を尊重し、カスタマイズさせて頂きます。

引き続き必要です。自己の目標達成に向けた活動や事務処理、能力開発、業務改善、模範的なコンプライアンスの遵守などの役割を遂行します。ここに多くの活動資源が配分されないようにセルフマネジメン

トを徹底することが重要です。

③計数管理や労務管理などの管理業務の重要性

　狭義での管理業務の遂行として、業績管理、案件の進捗管理、労務管理、コンプライアンスの周知徹底、人事考課などの役割を遂行することです。特に近年では、労務管理、すなわち部下の労働時間やメンタル面での健康管理の把握の重要性が高まっています。働き方改革の流れ、テレワークの推進、ストレス社会に加え、メンタル面が非常に弱いとされる若年層人材へのケアは極めて重要です。

④部下育成とチームビルディングの重要性

　部下育成の考え方として最も大切なことは、部下に対する指導範囲として、「メンタリング（心のサポート）」と「OJT指導（業務上の知識や技能の養成）」の2軸が必要ということです。
「メンタリング」とは、業務上・業務外を問わず、普段のコミュニケーション機会を介して部下に安心感を与えることを示します。例えば、「□□さん、悩んでいた件はもう解消した？」などといった、何気ない日常のコミュニケーションです。また、「OJT指導」を実行するポイントは、部下の年次や職位、強みや弱みなどの特性を踏まえ、個別に期待値を定め、計画的に育成していくプロセスにあります。

⑤フォロワーシップの重要性

　部下の立場で上司を献身的に支えることに加え、時に上司への意見具申や問題提起を行うことです。具体的には、上司のコミュニケーションスタイルへの改善要望、現場の声、部門方針への疑問の提示などです。決して、上司との対立を促しているわけではなく、上司の参謀役としての役目のことを示します。

読者の皆様が少なからず、本稿での提言事項を実践され、管理職の育成につながることを心より期待いたします。


## ＜著者プロフィール＞

大軽　俊史（おおかる　としちか）

ビジネスディベロップサポート　代表

マーケティング企画会社での営業・企画を経て、日本総合研究所にて経営コンサルティング活動に従事する。事業戦略・人事戦略構築支援コンサルティングで大きな成果を出す。2008年にビジネスディベロップサポートを設立。経営の最大課題は、人材のモチベーションマネジメントであると考え、「人を惹きつける情熱を持った人材を養成する」ことを指導モットーとしている。近年では年間200日以上の研修・セミナー講師を担当。

### ［講演・セミナーのテーマ例］

・プレイングマネジャーである課長クラスの役割と仕事術
・令和型人材育成・チームづくりの極意
・部下からの信頼を勝ち取る部下育成とコミュニケーション
・部下や顧客に簡潔明瞭に方針や考えを伝える論理的説明力
・論理的思考を使った職場の問題解決スキル
・今の時代に通用する営業担当者のミッション〜ソリューションセールスの本質〜
・係長・主任（次世代管理職候補者）としての意識向上研修
・社長の右腕となる参謀・番頭としての取締役の役割

### 連絡先（ホームページ、ブログ等のURL）：

ホームページ　http://www.passion-creator.com/
メールアドレス　bds2008to05@voice.ocn.ne.jp

管理職の人は部下の立場になって自らの指導法を振り返ってみよう。
本稿は、人材戦略コンサルタントとして活躍する著者が、初めて管理職
に就いた人や現管理職者に向けて必要な 5 つの心構えを説明する。自ら
を確認し、今後の部下指導に活かしてほしい。

# 管理職の心構え
## 〜 5 つの基本チェック〜

株式会社Office REVO　代表取締役　中村雅子

　現代のビジネス環境は急速に変化し、多様化した価値観を持つ部下を
どう育成指導したら良いか、自身がメンタル不全になってしまう管理職
が目立ちます。

　管理職はこれまでのような業務のマネジメントだけでなく、人のマネ
ジメントのほうに時間や労力を取られてしまい、忙しさから余計に職場
環境が悪くなるといった悪循環に陥っています。

　しかし、技術的なスキルの研修は受けていても、育成指導の研修を受
けていないため、接し方がよくわからないという声を多く聞きますの
で、ここでは、初めて管理職に就いた方やすでに経験を積んだ方にも役
立つ、部下指導に必要な心構えをお伝えします。

## 話を聴いていますか？

　部下指導を行う時に土台となるのは、部下との信頼関係を築くことで
す。信頼関係を築くために大切なことは「話を聴く」ということです。
私たちは、立場が上になるほど「話す」ことは多くなりますが「聴く」
ことがおろそかになりがちです。

ここでは「聴く」という漢字を使っていますが、それには理由があります。

「聞く」：音声、音としてきく、他のことをしながらきき流す。
「聴く」：相手を理解しようと、しっかり相手に向き合い、適切なリアクション（あいづちやうなずき）をしながらきく。

　同じ「きく」という行為でも、後者のほうが「話を聴いてもらえた」と相手の満足度が変わってきます。
　人は自分の話を聴いてくれる人に対して心を開きます。自分を理解して味方になってくれる人だからこそ、安心して相談してみよう、厳しい忠告も受け入れようと思うのです。

　相手の話を聴くためには、まず相手に興味を持ち、相手の感情や考えを尊重することが大切です。自分が似たような経験をしていても、自分の経験と照らし合わせるのではなく、あくまでも相手の体験としてフラットな気持ちで聴いてください。
　やってみるとわかりますが、話を聴く時に主観を入れないことは難しいと感じます。知らず知らずのうちに私たちは、自分の判断基準に当てはめて話を聞いてしまうからです。その結果、雑な聞き方になったり、否定してしまったりすると相手との信頼関係が損なわれてしまいます。
　時間がないと言わず、部下と向き合う時間を作って話を聴いてください。その積み重ねがスムーズな部下指導の土台を作るのです。

## わかりやすい指示を出していますか？

「これやっといて。見ればわかるから。わからなかったら訊いて」
　こんな指示を出していませんか？
　管理職の多くは「仕事は見て覚えろ」という時代に育てられてきたの

ではないでしょうか？

　私も、次に何をしたら良いか「察する」ことを多く求められました。しかし、今、部下に対して自分が育てられたように接してしまうと、「不親切」、「雑に扱われた」と捉えられてしまいます。

　指示は明確に言語化する必要があります。


　何のために行う（目的）のか

　どのような結果（目標）になれば良いのか

　どのような手順で行えば良いのか、準備しておくものは何か


　まずは 1 つひとつ丁寧に伝えて、相手が理解しているかも確認しなければなりません。

　プレイングマネジャーとして自身も業務を担当している身では、そんな悠長にやっていられないという声が上がりそうですが、育成とはそもそも時間がかかるものです。

　それが面倒だから自分でやってしまうという方を見かけますが、それでは部下は育ちません。

　専門用語や略語ではなく、部下にわかる言葉で指示を出し、必ず復唱する癖をつけましょう。自分の意図と相手の理解が違っていることがあります。

　これが「言った」、「聞いていない」というミスコミュニケーションにつながります。

　常識は身についていて、無意識にできるからこそ常識なのです。言われてできることが常識になるまで、根気強く接していかなければなりません。


## 部下に公平に接していますか？

　管理職といえども人間ですから、好き嫌いはあります。素直にこちら

の思うように動いてくれる部下はかわいいですし、悪気はなくても反論してくる部下はコミュニケーションを避けたくもなります。

　ですが、部下1人ひとりに対して公平な扱いを心がけることは、信頼関係を築くために欠かせません。不公平な扱いを受けると、部下のモチベーションが低下し、信頼が揺らいでしまう可能性があります。苦手な人を避けて通れるのは学生時代までで、社会人は苦手な人とどう折り合いをつけていくかが課題です。お手本となる管理職が苦手な部下とコミュニケーションを取らないのは、職場環境も悪化していく原因となってしまいます。

　したがって、それぞれの部下に対して先入観を持たず、公平に接することが重要です。


　管理職は部下の仕事人生における責任を持つ覚悟をしてください。
　自分が社会人になった時、尊敬できる上司はいましたか？
　その上司にどのような影響を受けましたか？
　部下は上司の鏡と言われます。どう育てられたかは、彼らが管理職になった時必要な経験となります。


　また、一貫性のある指導を行うことも重要です。一貫性のない指導は部下に混乱を引き起こし、方針や目標に対する理解を妨げる可能性があります。部下はあなたの指導が一貫していることによって、安心して信頼し、自分の役割に集中することができるのです。

## フィードバックの時間を取っていますか？

　フィードバックは人事評価の際に行うだけのものではありません。「目配り・気配り・こころ配り」という言葉がありますが、「いつも気にかけている」という上司の存在は部下にとって安心感を与えてくれます。

　自分の努力や貢献を見てくれている人がいる、1人じゃないという安心感は、メンタルヘルスの観点からも大切なこころの栄養になります。

　また、自分のことはよくわかりません。弱みや課題はわかっても、強みがわからないことが多くあります。本当に自分は成長しているのだろうかと不安になることもあります。

　定期的なフィードバックの場を設け、具体的な実績や目標達成度に基づいて、部下のパフォーマンスについて、改善や成長に向けた具体的なアドバイスをしてみましょう。それによって、彼らは自分の成長を明確に把握することができ、さらなる成長に向けた努力を続けることができるのです。

　注意点としては、改善点ばかりを伝えないことです。できていること、うまくいったこと、できなかったこと、改善したほうがいいことのバランスを考えましょう。

　子育てでは「ほめて伸ばす」と言われますが、これは甘やかすということではありません。

　できていることはその努力を評価するのはもちろんですが、改善に関しては厳しく注意しなければならないこともあります。
「なぜできないのか？」よりも「どうしたらできるようになるのか？」を一緒に考え、具体的な事例や改善策を提案することで、部下は前向きに取り組んでいけるようになります。

## 学び続けていますか？

　管理職だからもう学びは必要ないなどということはなく、管理職だからこそビジネススキルではなく、人間力を高めるための学びが必要になってきます。

　社会環境がこれまでにないスピードで変化してきて、自分が大切にし

てきた価値観や信念が根底から覆されることもあるかもしれません。
「自分のこれまでの人生は何だったんだ」と落ち込むこともあるかもしれません。

　その時に、これまでの自分を素直にいたわり認めてあげることができるか、まだまだここからと奮起するか、もうダメだと思ってしまうのか、それは個人の人間力にかかってきます。
　成長し続けるリーダーの姿勢は、部下にとって頼もしく魅力的です。これまでに自分が手に入れてきた知識、智慧、経験といった資源を時代に合わせてどう活用するか、学びを止めてしまったら「これまでのやり方」で終わってしまうこともあります。

　自分に何かを気づかせてくれるものは、全て学びの教材であり、ビジネススクールに行かなければ学べないというものではありません。
　語彙力、情報収集力、分析力は日常生活でも培うことができますし、コミュニケーション能力に磨きをかけるには人と接することが一番です。
　視点を変えてみる柔軟性や、新しいことを取り入れてみるチャレンジ精神も必要ですし、失敗から学ぶことも多くあります。

　そう考えると、好奇心さえあれば学び続けられますし、学びに終わりはありません。

　ここまでにお伝えしてきた５つの基本的な問いかけは、「もう知っている」という方が多かっただろうと思っています。
　ですが、「できている」、「すでにやっている」という方はどれだけいらっしゃるのでしょう？　なので、あえてご紹介することにしました。
　この５つの基本が無意識のうちにできるようになっていれば、部下指

導で悩むことはなくなると信じています。


<著者プロフィール>

中村　雅子（なかむら　まさこ）

株式会社Office REVO　代表取締役

人材戦略コンサルタント

大学卒業後、地方公務員として管理部門に18年間在職。
大病を患ってから「生きる力」の教育をしていきたいと
強く思い、2007年に研修講師として独立。新入社員〜経
営層までコミュニケーションやマネジメント、業務改善
などさまざまなテーマで研修や講演を行ってきた。関わ
った受講生は実数で3万人を超える。アフターコロナの
現在は、現場の課題を自分ごととして実践的に学べる研
修や人間力を高める研修を行っている。

[講演・セミナーのテーマ例]

・今さらきけないITリテラシー

・なぜ部下が思うように動いてくれないのか

・職場と家庭のマネジメント


連絡先（ホームページ、ブログ等のURL）：

ホームページ　http://www.officerevo.net/

メールアドレス　info@officerevo.net

管理職者がマネジメント力を上げていくために、まず必要なことがある。本稿では、コンサルタントとカウンセラーの２つの視点で組織改革支援を実践している著者が、管理職が自身の能力を発揮していくために意識すべきポイントについて述べる。

# 管理職として能力を発揮するために意識すべきたった１つのポイント

NK総研　代表　瀬川裕之

## 組織にマネジメントが存在しない!?

　組織調査のヒアリングで「うちの組織にはマネジメントが存在していません」という不満を何度も耳にしてきました。しかしその反面、「管理職は忙しく頑張っています」という一見矛盾した意見も聞かれます。

　よく話を聞くと、「管理職は頑張っているのですが、期待するマネジメントが存在しない」という不満なのです。では、何を期待しているのか。それは未来に対してのマネジメントです。そして、その代表が「決断」です。実際にそんな不満が聞かれる組織は、決断が遅かったりあいまいになっていることが多く、先延ばしされることで選択肢は限られ、最終的に緊急度優先の決断となっています。その決断のツケが現場へと溜まっていき、そのツケを解消すべく管理職者自身が否応なくプレイヤーとなって頑張るしかない状態が当たり前になっています。それが、頑張っているがマネジメントが存在しない矛盾を生み出しているのです。

　多くの管理職の方がまだまだ本来のマネジメントへの取り組みを行うことなく、今の成果に翻弄され、能力を発揮できずにいます。マネジメ

ントの本質は、個々の能力を十分に発揮できる環境と、成長できる環境を整え、その力を用いて、顧客が認める価値を創出し続けることです。今回、管理職として本来のマネジメントに取り組むべき、まずは管理職であるあなた自身が能力を発揮するために意識すべきたった1つのポイントをご紹介します。

## 管理職として能力を発揮するために意識すべきたった1つのポイント

　それは、"あいまいを排除する"ことです。

　今、多くの組織であいまいの存在が人間関係を悪化させ、個々のモチベーションを下げ、生産性や業務品質を低下させる要因となっています。特に不満が多いのは「あいまいな決断」です。本来、しっかりと決断できていれば、組織はそれに従って動くだけです。イレギュラーが発生すれば対処し、次への対策を行います。しかし、あいまいが存在すると何が正しいかが判断できず、イレギュラーの存在もあいまいになります。すると、なかには「これで大丈夫だろう」と都合よく判断する人も出てきます。そして、そこに成果や納期に対するプレッシャーが加わることで、不正や改ざんにつながっている例も少なくありません。

　あいまいの多い組織は目に見える結果（数字）に対して厳しくなりがちです。すると、自分の目に見える結果さえ良ければいいというような歪んだ考えが生まれてきます。それが部分最適思考となり個人商店化を生み出します。そんな組織にマネジメントが存在していると言えるでしょうか。

"あいまいを排除する"

　この1点に注力してみてください。

## あいまいを排除するために必要な3つの心得

「あいまいを排除する」

　言葉で言うのは簡単ですが、実際には容易ではありません。その最大

の要因はあいまいの存在に気づかないことです。なぜなら、それはしかたがないことだと思っており、さらにそれが当たり前になっているからです。

　誰しも初めからあいまいにしようとは思っていません。しかし、さまざまな要因から決められない理由があり、そのなかで「できることは精一杯頑張っている」という自負があると、厳しい言い方ですが、あいまいに逃げていてもそれに気づけなくなります。仮に指摘されても、正当化できる言い訳を作り上げ、それが繰り返されることで当たり前となり、まるであいまいであることが制約条件であるかのように組織全体に定着していきます。

　管理職があいまいであることは役割の放棄であり、結果的にマネジメントの本質から離れ、管理職者自身の能力にフタをしてしまうことにつながります。すると、安易に会社から与えられた力に頼ることになります。すなわち、上司としての立場を用いた圧力による管理マネジメントです。そうなると管理職としての成長は止まり、思考は歪み、本来の能力を発揮できずに、自ら矛盾と葛藤に苦しむことになります。

　そうならないためにも、次に、あいまいを排除するための３つの心得をご紹介します。

**１）バカを隠さない**

　あなたは、「決断しない」、「決断できない」と部下に言ったことがあるでしょうか。

　管理職になると「偉くなった」と言われ、「偉くなったら尊敬されるようにならなければ」と多くの人が思います。しかし、尊敬されようと思った瞬間から思考の歪みが始まります。それは、急に100点を目指そうとムリをしてしまうのと同時に失敗に対しての恐れが生まれるからです。さらに、そこに管理職としての責任が加わることで思考はますます歪んでいきます。

　管理職になると急に虚勢を張り、マウントを取ろうとする人がいますが、それも管理職という立場特有の思考の歪みです。自分自身は一生懸命であり、どうにか頑張ろうともがいているのですが、もがけばもがくほど自信を持って言えることがなくなり、あいまいな表現が増えていきます。なぜなら、無意識のうちに決断に対して恐怖心が芽生え、あいまいに甘えてしまい、それが管理職という立場によって表立って指摘されず潜在化してしまうからです。

　焦る気持ちはわかりますが、焦りは禁物です。当たり前のことですが管理職も成長していくものです。自分を偽れば、部下も自分を偽るようになります。それは組織の心理的安全性にも大きく影響します。

　バカを隠さないこと。それは、今の実力を受け入れ、正直であること、そして謙虚であることです。とても勇気のいることですが、それこそが尊敬に値します。時には見栄を張ることも大事ですが、今の自分を素直に受け入れ、謙虚であることがあいまいを排除するための第一歩となります。

## ２）共感力を意識して、"あいまいな現状把握"を排除する

「上司が話を聞いてくれない」という不満は本当に多いです。

　なぜなら、これも管理職の思考の歪みの１つで、管理職になると共感力が失われ、一方通行のコミュニケーションになる人が多いからです。そうなる要因は、「伝えたい」という思いが優先すること、そして「自分は大局を見て正しいことを伝えている」という奢りです。さらにそこに経験からくる「わかったつもり」が加わり、相互理解のはずのコミュニケーションをいつのまにか一方通行にしてしまっているのです。それが"あいまいな現状把握"となり、"あいまいな決断"につながります。

　共感とは相手の意見や感情をとことん理解することであり、共感力を磨くためには聴く力が不可欠です。すると「忙しくて時間を取れない」という言い訳が出てきます。しかし、その時間を奪っているのがコミュ

ニケーション不足からくる"あいまいな現状把握"です。現状把握があいまいな状態での決断はもとより、そこからつくられる計画や仕組みやルールなどはそのほとんどが組織の負荷を増やす方向に向かい、業務の生産性だけでなく業務の品質も個々のモチベーションも低下させます。あいまいであることが組織力をむしばみ、より忙しい状況を作り上げていくのです。

　共感するまでしっかりとコミュニケーションを取れば自ずとあいまいな状態は排除されます。さらに、お互いがお互いの現状をしっかりと理解し、すり合わせをすることで、部下はたとえ妥協するにしても単なる妥協（あきらめ）から納得して妥協できるようになります。そうなると情報は黙っていても部下のほうからどんどん上がってきます。誰もが納得して仕事をしたいと思っているのです。

　共感力を意識して、しっかりと話を聴き、"あいまいな現状把握"を排除しましょう。

### 3）あいまいな表現を排除する

　バカを隠さないことや共感力を磨くことは、自分を知ることであり、相手（部下）を知ることです。そうすることで、これまであいまいであった情報がより鮮明になってきます。

　そのうえで、組織内を見渡せば無意識に多くのあいまいな表現が使われていることに気づけます。例えば、「時間のある時でいいから」、「なるべく早く」これらの表現があいまいであると言われれば誰でもわかります。しかし、意識しないとどんどん潜在化し、勘違いや確認作業などの余計な仕事が増えていきます。実際に研修であいまいと思われる表現を書き出してもらうとビックリするほど多くの言葉が出てきます。

　まずは、管理職であるあなた自身があいまいな表現を使っていないかを意識することです。自分のあいまいな表現が認識できると、周りのあいまいな表現や状態が見えてきます。

　ただし、あいまいな状態を排除しようとムリな決断をするのは間違い
です。例えば情報が不足している状態であれば、「決断しない」ことを
決断する。これも立派な決断です。

　あいまいを排除するということは全てを明確にすることであり、とて
も勇気が必要です。なぜなら、薄々は認識していると思いますが、あい
まいを排除すれば組織内に潜在する多くの問題が浮き彫りになり、それ
らの問題をどうするかを決断しなければならないからです。しかし、そ
れこそが管理職の役目であり責任です。だからこそ、あいまいを排除す
ることは管理職として能力を発揮することにつながります。

　勇気を持ってあいまいを排除していきましょう。

## 当たり前のレベルを上げていく

　あいまいを排除することに異論はないと思います。ただし、あいまい
を排除するためにすぐに仕組みやルール化してはいけません。安易に仕
組みやルール化すると必ず業務負荷は増え、新たな問題を生み出します。
なぜなら、安易な仕組みやルールは、低いレベルに合わせて管理をする
ことが目的になってしまうからです。実際、多くの組織で目的もあいま
いな仕組みやルールがムダを生み出し、モチベーションを奪っています。

　意識してほしいのは当たり前にやることのレベルを上げていくことで
す。例えば、「あいまいな表現を当たり前に指摘し合える」そんな状態
になれば、そこに負荷はありません。基礎体力が上がったようなものだ
からです。

　どの組織にもさまざまな当たり前が存在しています。そんな当たり前
になっていることを見直し、レベルを上げていくことで、組織は当たり
前のように強くなっていきます。そのスタートに管理職者自身があいま
いの排除を当たり前にする。それが管理職としての能力を発揮する第一
歩となり、強い組織へとつながっていきます。

　ぜひとも、今この瞬間からあいまいの排除に取り組んでください。そ

れとも、「後で検討する」とあいまいにしますか。今、この瞬間しっかりと決断してください。

<著者プロフィール>

瀬川　裕之（せがわ　ひろゆき）

NK総研　代表
活き活き組織構築支援コンサルタント
日本産業カウンセラー協会 認定講師
コンサルタントとカウンセラーの２つの視点で組織改革支援を実践。当たり前に考え、行動していることが組織によって独自性とレベル差があり、それが競争力に大きな影響を与えていることに着目し、組織改革プログラム「AC&A-PJ（活き活き組織構築プロジェクト）」を開発、国内外の企業に展開。さらに、組織マネジメントを中心に企業内研修、各種団体での講演やセミナー講師を全国各地で務めている。
著書：『当たり前のレベルを上げれば組織は必ず強くなる』（ギャラクシーブックス）
メルマガ：「上司の心得、部下の心得」（https://www.mag2.com/m/0000184055）

[講演・セミナーのテーマ例]
・当たり前のレベルを上げれば組織は必ず強くなる
・働き方改革は管理職の意識改革
・組織改革のすすめ
・ビジネスにおけるコミュニケーションの考え方と実践
・管理職向け能力向上シリーズ研修

連絡先（ホームページ、ブログ等のURL）：
ホームページ　http://nksouken.com/
メールアドレス　segawa@nksouken.com
ブログ　http://smc.nksouken.com/

5-4

上司と部下の間のコミュニケーションでは、ともすると部下のモチベーションを下げたり、部下が指示の内容を理解していないことがある。これらは上司の言い方、指示のしかたにも問題がある。
本稿では、新人管理者に向けた研修で多くの実績を持つ著者が、部下がしっかりと上司の思いを受け止め、能力を最大限に発揮していくためのコミュニケーション方法について解説する。

# 上司のための部下の能力を120％引き出すコミュニケーション術

株式会社ジャンクション　代表取締役　佐々木 茂

## 言葉以外のメッセージを見逃さない

　アメリカの社会学者クーゼスとポスナーの調査項目のなかで「理想的な上司はあなたに何をしてくれましたか」という質問があり、これにはほぼ100％の方が「理想の上司は自分にコミュニケーションしてくれました」と回答しています。コミュニケーションのきっかけは何から始まるのでしょうか。一般的には、部下の言葉以外のメッセージを読み取るところから始まります。

「人間は言葉によるメッセージ」と「言葉以外のメッセージ」を発信しています。情報量は圧倒的に言葉以外のメッセージのほうが多いと言われています。「言葉以外のメッセージ」とは視線、表情、声の大きさ、姿勢、服装などさまざまなものがあります。

　自信がない時や困っている時などは声も小さいでしょうし、視線も下がりがちですね。「私は今、自信がありません」と言葉で表現しているのではなく、部下は言葉以外のメッセージで情報を発信しているので

す。

　上司はこういう部下の言葉以外のメッセージを読み取りながら、声を
かけていく必要があります。

「言ってくれればわかるのに」と言っていては上司失格です。マザー・
テレサの言葉に「愛の反対は憎しみではなく無関心である」というもの
があります。

　上司として、部下に無関心にならずに、言葉以外のメッセージを読み
取っていくことが、部下とのコミュニケーションの第一歩と考えてくだ
さい。

## 最初から全てを答える部下はいない

　研修で、受講生の方に「昨夜の晩ごはんは何を食べましたか？」と質
問します。ほとんどの方は「カレー」とか「ハンバーグ」などメインの
食べ物を答えます。続けて、「ほかに何かありましたか？」と質問する
と、「サラダがありました」とか「スープがありました」とかの答えが
返ってきます。最初から「昨日の晩ごはんはカレーと、サラダとスープ
でした」と答える人は極めて稀です。

　悪気があって省略しているのではありません。

　質問には大切なことをまず答えて、それ以外のことは勝手に省略して
答えるようになっているのです。

　仕事の場面でもこれと同様のことが行われています。

　上司の質問に大切なことは答えていますが、それに隠れている情報も
かなりあるはずです。上司は質問しながら、部下から情報を引き出し、
共有していくという作業が必要になります。

　質問には「はい、いいえ」で答えられないオープンクエスチョンと
「はい、いいえ」で答えられるクローズドクエスチョンがあります。前
者は5W1Hを使った質問で、先程の例で言えば「昨日の晩ごはんは何を
食べましたか？」というのがオープンクエスチョンになります。この場

合は「カレーです」というように、「はい、いいえ」で答えることができませんね。一方、「昨日の晩ごはんはカレーでしたか？」と「はい、いいえ」で答えられるのがクローズドクエスチョンです。

　オープンクエスチョンをたくさん使いたいところですが、あまり多用しすぎると尋問調になってしまいますので、クローズドクエスチョンを織り交ぜながら、質問していくよう心がけましょう。

## 部下へのメッセージを「非難」と捉えられないために

　下の２つの文を見比べてください。
　Ａ　もっと頑張りなさい。
　Ｂ　君ならもっと頑張れると思うけど。

　皆さんがあまり良い感情を抱いていない上司からＡの表現で「もっと頑張りなさい」と言われたら、どんな気持ちになるでしょうか。
「頑張ってるじゃないですか」と売り言葉に買い言葉になるかもしれません。

　日本語はよく主語を省略するのでわかりにくいのですが、Ａは「（あなたは）もっと頑張りなさい」という文章で、主語の「あなた」が省略されています。こういうメッセージの発信を「あなたメッセージ」といいます。一方、Ｂの表現は「君ならもっと頑張れると（わたしは）思うけど」と主語の「わたし」が省略されています。こういうメッセージの発信を「わたしメッセージ」といいます。

　ほめる時はどちらを使っても良いのですが、一般にあなたメッセージは上司からの注意を「非難・評価・説教」と受け止められやすいと言われています。一方、わたしメッセージは、上司の自分の気持ちですから、これを相手が否定することはできません。

　いかがでしょうか。主語を「わたし」にするか「あなた」にするかで、印象が変わるように思いませんか。
「わたしは……思う」、「わたしは……悲しい」など、部下の行動によっ

て、自分はどんな気持ちなのかを表現する「わたしメッセージ」を活用することで、部下は上司の意見を受け入れやすくなります。

## みんながチェックできる言葉に変換してみよう

研修で「○（まる）の上に○（まる）を書いてください」と言うと、

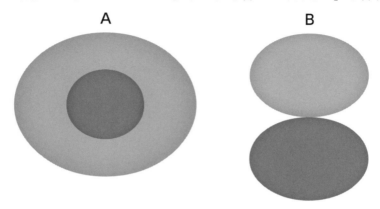

A B

Aタイプの図を描く方が10％、Bタイプの図を描く方が90％くらいに分かれます。

多数決で「Bが正解」というわけにはいきません。Aだって正解です。では、Bのような図を描いてほしい時はどういう指示をすれば良いでしょうか。

「8の字のような○（まる）」と、たとえを使うことも有効です。

指示をする際に、「誰が聞いても同じことができる」という視点はとても大切です。

飲食店チェーンで研修を行った際に、レジ下に「料金収受の際には顧客満足の向上に配慮しよう」というスローガンが貼ってありました。

もちろん、顧客満足の向上には配慮したほうがいい。しかし、このスローガンで顧客満足の向上に配慮したかどうかチェックできるでしょうか。

「顧客満足の向上に配慮した？」、「はい、しました」と答えられてはそれ以上、追及のしようがありません。

　例えば「料金収受の際に、『ありがとうございました』の一言を付け加えよう」としたらどうでしょうか。「当社の顧客満足向上とは、最後まで丁寧にお客さまをお見送りすることです。そのために料金収受の際にありがとうございますと一言付け加えましょう」と指示をすれば、きちんとやっている人とやっていない人がすぐにわかります。

　会社には「誰も反対しないけど、何をしたら良いかよくわからない指示」が多く存在します。

　チェックできない指示で言いっぱなしで終わっていると、「指示は別に守らなくてもいいや」という文化にもつながっていきます。「顧客とのコミュニケーションを大切にしましょう」→「Aランク顧客は月に一度訪問しましょう」や「整理整頓に心がけましょう」→「机の上にものを置かず帰社しましょう」など、行動が見えて、チェック可能な指示に極力変換することが大切です。

　あいまいな指示は、もらった部下は「何をして良いかわからない」というストレスを抱え、指示した上司は「部下が動かない」というストレスを抱えます。

　行動が見える言葉に変換することで、お互いがチェック可能になり、部下との関係性を良くすることにもつながっていきます。

＜著者プロフィール＞

佐々木　茂（ささき　しげる）

株式会社ジャンクション　代表取締役

大学卒業後、株式会社福武書店（現ベネッセコーポレーション）に入社。その後、家業の経営を経て独立。研修テーマは新人管理者に向けた「リーダーシップ」、「問題解決」、「コミュニケーション」などが中心。研修は事例やケース、ゲームなどを活用しながら学習事項の習得→自分の役割への落とし込みを行うことを特徴としています。

[講演・セミナーのテーマ例]

・後任管理者研修（リーダー、マネージャーに求められること）
・新入社員研修（ 志<small>こころざし</small> 高く仕事をしよう！）
・ロジカルシンキング研修（人を動かすための論理構築）
・問題解決力向上研修（問題発見から解決策の考案まで）

連絡先（ホームページ、ブログ等のURL）：

ホームページ　https://www.junction-1st.com/
メールアドレス　sasaki@junction-1st.com

5-5

現在の20代後半〜40代前半は一般的に「ミレニアル世代」と呼ばれる。その特徴の1つとして、個人の充実感や幸福感を重視する傾向があり、会社という組織活動のなかで意識や価値観のギャップを生じることも多い。そのような「今どき部下」をどのように動かせばいいのか？
本稿は、若手部下育成指導に多くの実績を持つ著者がその秘訣を伝える。特に、1人ひとりが自律的に行動するアクティブなチームを作りたければ、ぜひ参考にしてほしい。

# 管理職のための
# 今どき部下を動かす秘訣

株式会社せんだ兄弟社　代表取締役社長　専田政樹

## 部下が今いるステージを見抜く！

　働く人材の多様化が進む昨今、動かしたい部下の1人ひとりの状況を把握し、適切なアプローチを行うことが求められます。

　しかし、実際には「言うは易し、行うは難し」で、スキル特性・モチベーション・生活背景など、1人ひとりの部下がさまざまな違いを持つなか、働きかけの方法も一筋縄ではいきません。

　そこで本章では、成功可能性を高めるため「2つの切り口」に着目し、それぞれのステージを把握することで部下を動かす効果的なアプローチを行う方法をお伝えします。

### 1）切り口1：習得しているスキルステージ

　1つめは、実際に仕事を実践するスキルのステージです。いざ本人が挑戦をする意欲を持った時、必要な知識・技術・能力を備えているかが

論点となります。担当業務における具体的なスキルは職種によってさまざまですが、部下への期待の度合いと、実務スキルのギャップを洗い出すことがポイントです。

「スキル習得中層→自分でできる一人前層→エースプレイヤー層→チームを牽引するリーダー層」といった各ステージに対し、実態と期待する役割について、それぞれどの段階にいるかを客観的に把握していきます。仕事のキャリアを重ねていくことで、個人差こそあれ、スキルは蓄積されていくはずですが、あなたが期待する役割をこなすレベルに達していなければ、本人がやる気を出したとしても実践できずに折れてしまうでしょう。

　スキル面でギャップがあるようであれば、不足ジャンルに対し追加インプットとトレーニングを行うことで実践につなげる可能性を高めることができます。


## ２）切り口２：個々の行動変容ステージを見抜く！

　２つめは仕事への関心の度合いです。行動変容とは、「人の行動が変わること」を示します。段階として５つのステージを通ると考えられ、次に進むためには「ステージごとに求められる適切な働きかけ」が必要となります。具体的には以下の５つの段階に分かれます。

「①無関心期」→「②関心期」→「③準備期」→「④実行期」→「⑤維持期」の５つです。

　動かしたい部下が、どの段階にいるかでアプローチが異なるため、行動ステージの把握が重要です。


## ３）各ステージに対応するアプローチ方法の違い

　では、それぞれのステージで必要なアプローチを考えていきましょう。

　① 無関心期　取り組みへのメリットを伝え理解させる

② 関心期　　部下が自身の将来像をポジティブに捉えられるよう、一緒に考える

③ 準備期　　うまくいく自信を持たせ、取り組みを行うことを周囲に宣言させる

④ 実行期　　取り組みやすい環境を整備し、行動計画の立案と、その実践を支援する

⑤ 維持期　　行動を維持できるようサポートし、障害があれば一緒に取り除く

　無関心な状態に対して「④実行期」向けの対応をしても、行動変容に導くのは困難です。個々の部下がどのステージにいるかを見抜き、あなたの期待とのギャップをつかみ、段階に応じた支援を実践することが部下を動かすポイントです。

## 部下のステージと期待とのギャップ分析

| 行動変容ステージ | スキルステージ | | | |
|---|---|---|---|---|
| | 習得中層 | 一人前層 | エースプレイヤー層 | リーダープレイヤー層 |
| ① 無関心期 | ◆A氏現状 | ◆B氏現状 | | |
| ② 関心期 | ★ 期待 ├ギャップ┤ | ギャップ | ◆C氏現状 | |
| ③ 準備期 | | ★ 期待 | | ギャップ |
| ④ 実行期 | | | | ★ 期待 |
| ⑤ 維持期 | | | | |

　部下が今いるステージとのギャップが把握できたら、次は具体的なアプローチに必要なツールを作っていきます。

## 行動変容ステージ別にアプローチ方法を構築する！

### 1）無関心期のアプローチ

　部下が担当業務について受け身で、なかなか思うように動いてくれない状況をイメージしてみてください。

　無関心期の1つの特性として、メリットを感じていないケースが挙げられます。経験を積むなかで起こった不条理な体験等を通じ、気持ちが前に向いていない状況です。仕事は最低限でプライベートを充実させることに極端に偏ってしまっているケースも少なくありません。

　この段階では、まず「チームのために貢献する」ことへの関心を引き出すため、「組織の3要素」に取り組みましょう。1つめの要素は、あなたのチームの「共通目的」を部下にわかるように言語化することです。仕事を提供するお客さまにどのような価値を届けるのか、もっと言えば「最高にうまくいった時に取りつけたい評判」を明確にします。

　2つめはそれを「意思疎通」することです。担当業務を通じ「何を目指しているのか」を咀嚼して部下にわかるように表現します。部下を動かすのに苦労しているケースで、「言わなくてもわかるだろう」と放置しているパターンが非常に多いのが実態です。

　3つめは、部下への期待を言葉で伝え、「貢献意欲」を引き出すことです。「人は期待されると行動する」という期待効果を狙います。


　次に、チームへの貢献意欲を引き出すことと併せ、個人のメリットについてアプローチします。日々の業務のなかで、苦しい側面もあるでしょうが、部下には「あなた自身の仕事へのやりがいや思い入れ」といったプラス面を意図的に見せていきましょう。両者が逆転し、厳しい側面が目立ってしまうと、「あのポジションの仕事はやりたくない」と感じさせ、将来への希望が失われ、行動変容ステージに悪影響を与えます。まずは目指す存在になるべく、エネルギッシュにやりがいを持って働く

姿を、照れずに表現していきましょう。この2つの取り組みで「チームへの公」、「自身のやりがいとなる私」の両輪で関心を高めていきます。

**チームへの貢献意欲と自身のやりがい**

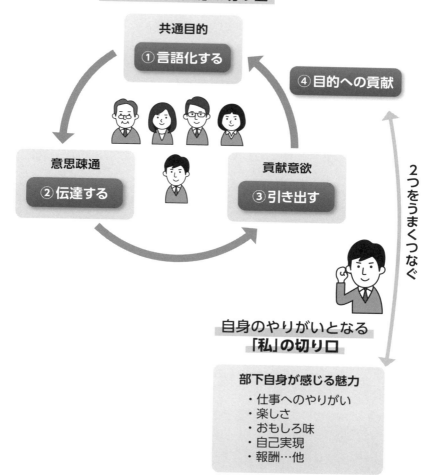

**2）関心期・準備期のアプローチ**

　関心を持たせることができたら、一緒にポジティブな将来像を考えて

いきましょう。部下が自ら1人で考えることができれば良いですが、なかなかそうはいきません。わずかでも関心を持ったタイミングで、ともに考え達成可能な目標を立て前進をサポートしていきましょう。特に最初は少しずつで良いので前に進め、成功体験を積ませます。

　徐々に目指す姿が確立してきたら、次は本人が自信を持って前に進めるように仕事のコツを具体的に伝授していきます。「頑張ればなんとかなる」、「経験を積めばなんとかなる」と励ましても、部下にとっては何の根拠にもなりません。実際に行動変容を起こす準備を具体的に支援し、部下に自分にもできそうだという自信を持たせる必要があります。

　そのためには、あなた自身の「仕事の要点」を形式化することです。計画立案を例に挙げると、まず何を考えるべきか、項目を整理して伝えます。自身が活用しているフォーマット等を提示することで実践可能です。しかし、これだけでは足りません。まだ自信のない部下にとっては、各項目でどのような内容を考えれば良いのかがわからないと不安を感じ、前に踏み出す自信を得ることができません。あなたが持つ「仕事の質を高めるコツ」を部下にわかるよう形式化し、「なるほど、これな

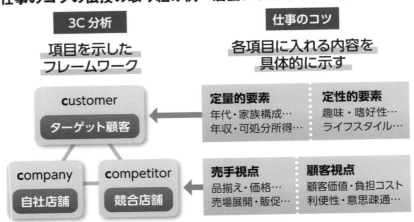

**仕事のコツの伝授の取り組み例〜店舗における3C分析**

| 3C 分析 | 仕事のコツ |
|---|---|
| 項目を示したフレームワーク | 各項目に入れる内容を具体的に示す |

| customer ターゲット顧客 | 定量的要素 年代・家族構成… 年収・可処分所得… | 定性的要素 趣味・嗜好性… ライフスタイル… |
|---|---|---|
| company 自社店舗　　competitor 競合店舗 | 売手視点 品揃え・価格… 売場展開・販促… | 顧客視点 顧客価値・負担コスト 利便性・意思疎通… |

らできそうだ！」と感じさせることができれば成功です。

　コツを伝えられるようになるための方法論に実務で使うフレームワークのうち、項目型フレームワークと評価型フレームワークを組み合わせる方法があります。こちらは弊社の研修でもよく扱いますし、私の著書（『働き方改革時代の若手部下育成術』6章）でも詳しく述べていますので、参考にしてください。

### 3）実行期・維持期のアプローチ

　行動変容が起き始めた実行期では、仕事をしやすいよう業務分担を調整するとともに、周囲へ支援要請を行い、部下が自信を持って行動できる環境を整備しましょう。また、行動を維持継続できるよう、障害となる要素を丁寧に取り除いていきます。行動が定着すれば力は徐々に高まり、あなたの期待に応えることができるようになっていきます。

## 部下を動かすために、実践で使えるツールを準備する！

　うまく動かす、つまり行動変容に導くためには、部下1人ひとりがどのステージにいるかを見抜き、適切な働きかけをしていくことが重要です。

　そして実際に働きかけを行うためには、そのためのツールを整えることがポイントとなります。前述したようにツールは、①チームの共通目的と部下への期待を言語化したもの、②自身のやりがいや仕事への想いの言語化、③自身が仕事の質を高めるために実践しているコツ（項目×内容）の形式化の3つです。この3つを準備し、個々のステージ別にうまく使いこなすことができれば、部下を動かす力は大きく高まります。

　弊社の行う管理職向け研修でも、ツール整備の推進が可能です。ご興味がございましたらぜひご連絡ください。皆様の部下へのアプローチの成功を支援いたします。

＜著者プロフィール＞

専田　政樹（せんだ　まさき）

株式会社せんだ兄弟社　代表取締役社長

セブン＆アイグループ出身。店舗運営管理やマネジメント経験を積んだ後、中小企業診断士として2015年独立し、2017年に法人化（株式会社せんだ兄弟社）。代表取締役社長として、特定社会保険労務士の兄・晋一とともに、組織人事制度の構築・改定や、教育制度の構築を含む人材育成など、企業の人に関するお悩み事解決の支援を行っている。

また、講師として学校法人産業能率大学総合研究所・兼任講師、中小企業診断士登録養成課程のインストラクターとして人材育成にあたり、登壇回数は例年100日を超える。

人材育成の現場では、要望に応じ各社の現場事例を活用した演習プログラムを作成。理論を現場実務と直結させ、「なるほど、やってみよう！」を引き出すことに注力している。

著書に『働き方改革時代の若手部下育成術』（セルバ出版）がある。

[講演・セミナーのテーマ例]

・階層別研修
　　管理職・新任管理職・中堅社員・新入社員　　など
・各種専門スキル研修
　　マネジメント・問題解決・ロジカルシンキング
　　商品開発マーケティング・人事考課　　など
・小売業向け 実務スキル研修
　　店長・売場マネージャー・商品部員の育成　　など

連絡先（ホームページ、ブログ等のURL）：

　（　HPはこちら　）
　https://kyodaisha.com/

　（　お問い合わせはこちら　）
　https://kyodaisha.com/contact/

会社の発展のためには、組織と人をより良い方向に導く「次世代リーダー」の育成が大事。
本稿は、次世代リーダーの育成に多くの実績を持つ著者が、次世代リーダーに求められるビジネススキルと育て方について述べる。

# 30代の壁を打ち破る！
# 次世代リーダーの育成

株式会社決断力　代表取締役　髙島 徹

## 組織の発展のために必要なこと

　組織の発展に必要なことはたくさんありますね。現在の組織を維持することはもちろん大切ですが、本当に大切なことは組織を永続的に発展させることです。変化が激しい現代社会では、新しい企業が次々と誕生し、時代の寵児となる例もたくさんあります。

　ところが、一時のブームで終わってしまうこともよくあります。組織は永続的に発展しなければ、そこに集う人々、その周辺の人々に本当の幸せを提供することはできません。つまり、現在の組織能力を高めるだけでなく、将来の組織能力を高めることにも着目していただきたいのです。それが「次世代リーダー」の育成です。変化が激しくて競争が厳しい現在の改善行動だけでなく、将来を見つめての人材投資が大切です。

## 「すでに起こった未来」

　これからの時代は、人材獲得競争が激化します！　それは人口構成が大きく変化するからです。現在の20歳人口は約120万人。これが20年後

には80万人を下回ります。つまり20年後の組織は、単純計算で現在の3分の2の人で運営しなければならないのです。これは「すでに起こった未来」です。

　もちろん、AIやロボットなどによって生産性向上が可能な分野はたくさんあるでしょう。今後新しいテクノロジーやサービスが、働き方を大きく改善してくれる可能性もあります。ただ、組織は人でできていますし、組織を動かすのはやはり人です。AIに管理され、指示命令される組織で働きたいという人はいません。つまり組織発展のためには、人々をより良い方向に導く「次世代リーダー」を育成することが極めて重要となるのです。

## 次世代リーダーのビジネススキル

　私は、次世代リーダーに求められるビジネススキルをこのように考えています。

　まず土台となるのが「人間力」（ピープルスキル）です。どんなに才能があっても、論理的に正しいことであっても、信頼されていない人の言葉をメンバーは聞こうとしません。

　「何を言ったか」よりも「誰が言ったか」が重視されるのが人間社会の現実です。

　人間には相性があります。誰が良い悪いではなく、好ましいと思うか好ましくないと思うか。でも、仕事において好き嫌いで判断していては、前に進むものも進まなくなります。

　そんな時に、相手の「持ち味」に着目して、それを活かす方向でコミュニケーションができるかどうかが、優れたリーダーの資質になります。他人のマイナス面はどうしても目立ってしまいますが、それをどうプラスに変えて受け止めることができるのか？　感情面ではかなり難しいことですが、多くの人に慕われるリーダーは、意識無意識にかかわらず実践されています。

　次に、「実務力」（テクニカルスキル）です。それぞれの専門分野におい
て第一人者であることはもちろんですが、ビジネスは数字（お金）で判
断することがたくさんあります。いわゆる計数感覚に優れていないと、
組織を動かすことができません。私も多くの現場責任者（課長クラス）
を見てきました。優れた現場責任者に共通するのは、専門分野の知識や
経験が豊富なだけでなく、数字を使って物事を考えるスキルが優れてい
ることです。予算管理しかり、製品のスペックや他社情報しかり。部下
に指示を出す時にも数字を明確にして伝えているので、部下の仕事もは
かどりますし、他部署とのコミュニケーションもスムーズになります。

## 次世代リーダーに求められるビジネススキル

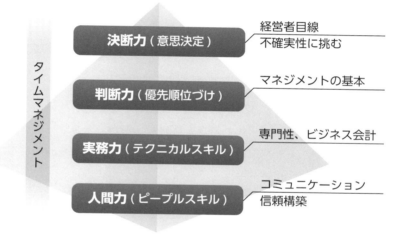

　ここまでを身につけた後で、マネジメントの基本である「判断力」
（優先順位づけ）を育てます。経営資源が限られている以上、組織の維持
発展において何を優先すべきかを考えることが、リーダーには求められ
ます。実務者であれば指示命令に従うことが優先されますが、リーダー
は組織をあるべき方向に導くために優先順位を明確にしなければなりま
せん。

最後は「決断力」（意思決定）です。経営者と同じ目線に立ち、不確実性に挑むマインドと力量が求められます。誰も経験したことのない事態に直面しても、組織を社会の荒波から守ることができるのか？　次世代リーダーに求められる最も重い任務です。これは「歴史に学ぶ」ことで体得することができます。ナポレオンはフランスをヨーロッパ第一の大国に押し上げた英雄ですが、彼は歴史書を戦場にまで持ち込み、多忙ななかでも歴史から学んでいました。私は「戦国武将に学ぶビジネスに必要な意思決定」として、歴史の事例をひもときながら「自分だったらどうするだろうか」と考えるトレーニングを提供します。自分の頭で考えることで、不確実な未来に対する「決断力の経験値」を上げるのです。例えば、桶狭間の戦いで手柄を立てた織田信長の部下が５人いる。誰を一番手柄にしますか？　その理由はなんですか？と考えることで、組織マネジメントにおける決断力が養われます。

## 「30代の壁」にぶち当たる若者たち

　大人たちは、経験して乗り越えてしまったことを過小評価する傾向があります。コロナショックも大変な経験でしたが、今となっては思い出となってしまうように。初めて役職に就き、部下を持った時の喜びと重圧は、それまでプレイヤーとして仕事をしていた若者にとっては大きな環境変化です。上司や先輩の指示に従っていれば良かった環境から、自分で考え、調整し、的確な指示を出すことを求められるからです。

　30歳前後で役職に就き、部下を持った時に、大きな壁にぶち当たる人はたくさんいます。それは「実務には強いが、チームを動かすことができない」ことが原因です。例えば、自分だけで成果を上げることに執着して、プレイヤーとしての意識が色濃く残るケース、経営数字に対する意識と理解に乏しく、根拠が乏しい話し合いで時間が浪費されるケース、人間関係への配慮が足りず、職場をまとめ上げることができないケースです。

　この能力は学歴とは関係ありません。むしろ偏差値が高い大学を卒業し、本人が「自分は優秀だ」と自認している場合に起こりがちです。プレイヤーとして優秀だから役職に就けた。でも「頭が良いけど使えない……」と評価されてしまうケースです。これは、せっかく期待して採用した会社にとってもマイナスですし、本人の人生にとっても良くありません。何よりも、社会で貴重な若い人の才能を切り捨てることになります。

## 次世代リーダーの育成方法

　次世代リーダーは、中途採用で転職市場から調達するのは好ましくありません。テクニカルスキルを求めるのであればOKですが、組織風土を十分に理解し、組織の屋台骨を支える人材は、組織内で育てるのが最も効果的です。組織への愛着がなければ、メンバーはリーダーの言うことを聞きません。転職は1回やるとクセになりがちです。金銭的報酬や地位も大事ですが、組織のため、組織の人々のために汗をかいてくれるリーダーをいかに育てるかがカギとなります。

## 私が育成する「次世代リーダー」像

　私は、チームを動かして経営成果を上げられる、このような「次世代リーダー」を育成します。

　まず、「組織の屋台骨を担う心構え」を確立します。自分は何のために働くのか？　どのような職業人生を歩むのか？　周りの人たちとどのように関わるのか？　ここをしっかりと固めることです。そのうえで、次世代リーダーとして必要なスキルを知り、体得していただくのです。

　次に、「経営意識を持ち、数字でコミュニケーションができる」ことです。時間軸の競争、グローバル競争の時代と言われますが、的確な意思決定を短時間で行うためには、タイムマネジメントに対する意識を高めるとともに、数字に基づいて考え、コミュニケーションできるスキル

は必須です。これは、いわゆる「決算書を読みましょう」研修では身につかないビジネス会計の分野です。現場で判断できるよう、実務に即した事例に基づいたトレーニングを行うのです。

さらに、「経営成果と部下育成の両立ができる」ことです。今日明日のことだけにとらわれていては、人材は育ちません。自分がステップアップすると同時に、部下を引き立てて後継者を育てることができる人。このようなリーダーが率いる組織ではハラスメントも起こりにくく、成果が上がる職場が生まれます。

## 「正解よりも最適解」

私は「正解よりも最適解」と常に申し上げています。正解があるのは大学入試まで。それ以降の人生は、さまざまな制約があるなかで、一番好ましい選択肢を見つけたり、考え出すことが求められます。これは現在の日本の学校教育では身につけることができません。例えば、2020年春の段階で、コロナ対策の正解はありませんでした。それでも一時給付金やマスク配布などの対策を行わなければならなかったのです。組織の現場においても、マスク着用だけでなくアクリル板の設置などで頭を悩ませたことでしょう。このような事態にしっかり対応できる人材を育成することが、私が最も得意とする分野です。それは、自分の頭で考える「適切な問い」を投げかけるワークを通じて行います。「自分だったらどうするか？」と考えるトレーニングを積むことです。

令和の「次世代リーダー」は、上司の背中を見て育つことはありません。コロナショックを経験し、中高年のリストラを見てきた彼らは、組織からの期待感にとても敏感です。そして、自己成長への投資や学びをしっかりと行っています。ですので、自分が成長できない仕事や組織だと感じれば、すぐに離職してしまいます。投資した人材に逃げられるのは気持ちのいいものではないでしょう。でもここで人材投資を怠ってはいけません。人材育成に熱心な企業であれば、必ず優秀な人材が集まっ

てきます。1 人や 2 人の失敗例が全てではないのです。

　経営とは長期戦です。長期戦を勝ち抜くためには、優れた戦略を持たねばなりません。その 1 つが人材育成戦略です。ぜひ、「次世代リーダー」をしっかり育成する覚悟を固めていただきたいのです。

＜著者プロフィール＞

髙島　徹（たかしま　とおる）

株式会社決断力　代表取締役

神戸大学経済学部を卒業し、パナソニック入社。松下幸之助の直轄部隊として、経営者の意思決定をサポート。30歳で係長に昇進するも、部下 3 人からダメ出しを受けて左遷を経験。一念発起して28年間で85個のプロジェクトに主体的に関わる。プロジェクトの経営成果総額100億円。複数のプロジェクトを掛け持ちできるタイムマネジメント、人の持ち味を活かす組織運営を体得。

50歳で、自身の経験を後世に伝える 志 を立て、次世代リーダーを育成する株式会社決断力を創業。

裏メニューで、ハイクラス限定の結婚相談所を運営。

著書に『上司のYES !! を引き出すビジネスコミュニケーション』（夢叶舎）、『「決断できないあなた」のためのサプリメント』などがある。

［講演・セミナーのテーマ例］

・戦国武将に学ぶビジネスに必要な意思決定

・部下のYes！を引き出す組織マネジメント

連絡先（ホームページ、ブログ等のURL）：

ホームページ　https://decision.ne.jp/

メールアドレス　takashima@decision.ne.jp

会社のなかで中核を担う部長・役員クラス。経営陣の一員として会社の現在と将来に対して大きく影響を与える存在だ。
本稿では、日本を代表する大手上場企業からベンチャーまで多くの企業の成長に貢献した著者が、部長・役員レベルの研修の現状と課題、そして有効な研修のしかたについて述べる。

# 上位マネジメント「役員・部長」の研修・教育の在り方

株式会社キーグリップ　代表取締役社長　水川正大

## 「役員・部長」の本来の役割とは

　役員・部長の役割は、経営陣の一員として、将来に向けて会社全体および部門の方向を決め、その実現のために、将来と現在の相互視点から投資と収益獲得を行い、利他の姿勢で組織を動かしていくことです。

## 役員・部長が行うべき実務とは

　経営陣の一翼を担い、また現場のトップでもある役員や部長の実務にはどのような内容が求められているのでしょうか。

・会社の理念・ビジョンをつくり、部門の方向性を明示できる
・ミドルマネジメントを束ね、部門の成果を出し続ける
・会社全体の内部資源を整理し、育て、活かす
・他の役員や部長と、社内協業・連携をしている
・関わる人々に建設的な影響を与え続ける
・社内外に広くネットワークを持っている

　マネジメントを束ねるマネジメントとして、会社・組織のなかにおける存在および責任が非常に大きいことは誰もが知っています。よって、頻度を確保した定期的な教育・研修による『現状更新と研鑽（けんさん）』は、会社全体・部門全体の成長のために、必要不可欠であると言えます。

## 役員・部長が役割を果たしていない会社や組織で起こること

　では、役員・部長がその役割を果たせないとどうなってしまうのでしょうか。

　このようなことが起きてしまうのではないでしょうか。


・短期の成果のみならず、将来の事業継続が立ち行かなくなる
・自分だけ、自部門だけという狭い視点が横行し、会社全体の方向性や業績に関心が向かなくなる
・ハラスメントなど、会社の風土・雰囲気に良くない影響が出る
・自分の仕事の意味や価値が見えなくなり、優秀な従業員が離れていき、定着しなくなる
・人材が成長せず、いつまでも過去の経験ややり方に固執するようになる
・会社の将来を描けず、現状から進化することができなくなる


　このような会社・組織では、社会への貢献はもとより、会社そのものの存続や事業の継続が難しくなってしまいます。会社で起きていることは、役員や部長の「思考・姿勢・行動」が鏡のように映し出されているのです。

## 役員・部長の教育・研修の現状

　しかしながら、現状はいかがでしょうか。

企業の組織や人材の課題は、「人材が活躍できるよう、どのように組織全体で取り組むのか」ということに集約されます。役員・部長が、現状更新や教育、そして連携がなされていない状態でミドル層以下の教育や育成を行おうとするのは、部分最適になっている可能性が高いと言えるのではないでしょうか。

　人材の育成をより効果的に行うために必要な事項として、「研修等を通じ、上長等の育成能力や指導意識を向上させる」、「要員の増加や配置の適正化等により、業務の多忙化を軽減する」が挙げられています。
（厚生労働省「企業における人材マネジメントの動向と課題」平成26年版より）

　これは経営陣として事業を発展させていくために取り組むべき課題の要諦と言って良いのではないでしょうか。

　以下は実際にご支援した企業様の上位マネジメントで起きていること、または聞かれる役員・部長の現状を代表するコメントです。


・経営とは何をするのか、自分の言葉で語ることができない
・経営陣の一員である意識が欠落している
・外部環境についての情報収集・整理が稚拙で、不備や欠如があるにもかかわらず対応しない
・これまでの成功体験にこだわり、過去の経験遺産で判断されているので、現状との乖離がある
・経験してきたことが多くあるはずなのに、更新できていないので、同じ意見や行動しかできない
・自らが将来に向けた新しい取り組みを中心になって行ってきた経験が不足していて、新しいことを取り入れたり、イノベーションを起こしたりすることができない
・社外でも社内でも人脈はほぼない
・職位の力＝ポジションパワーで人を動かそうとする
・自己都合を優先する傾向を感じる

　全員が、と申し上げるつもりはございませんが、さまざまな企業で聞く現状の役員・部長の役責遂行には疑問符が付きます。

## 役員・部長への教育機会

　現在、役員・部長への教育機会についてはどのような状況でしょうか。お付き合いのある企業様の育成担当の代表的なコメントです。

・役員・部長への研修や教育の機会設定そのものが少ない、またはない
・設定しても受講しようとしない、自分はできている・できるという慢心がうかがえる
・経営陣に、役員・部長層の教育に関する重要性の認識が欠如している
・他の教育研修同様、毎年実施しなければならないにもかかわらず実施されていない
・人事・教育部署主導では、何をテーマにすればいいかわからず、実施企画をつくれない

　このような状況を『変化・改革へのチャンス』と捉えて、役員・部長への研修・教育を毎年実施することを強くお勧めいたします。

## 役員・部長研修の実施アジェンダ

　では、実際にはどのようなアジェンダを組めばいいのでしょうか。実際に実施した内容でたいへん効果の高かったアジェンダをご紹介いたします。実施にあたっては、当社は全てカスタマイズ対応となります。基本の型として全体をご参考にしていただければ幸いです。

〈役員・部長研修　アジェンダ例〉

1．自社の経営理念を咀嚼し語れるようにします

なぜ当社は存在するのか、どのような志を持って事業をしているのか

2．自社のビジョンと方針を咀嚼します

経営理念を実現するために、近い将来には、どのような会社になろうとしているのか全て自分の言葉で説明できるのか

3．部門のビジョンづくりをします

自分の官署する組織＝部門は会社のビジョンの実現にどう貢献するのか

4．内部資源（会社・部門）を詳らかにします

当社が持つ提供価値を詳らかにする

強みを活かして今後どのような事業展開ができるか考察する

5．部門間での連携を構築します

部門ごとの強みを相互に連携することで新しい強みを生み出せないか、内部資源を知ることで、全社への視野が養われ、組織間の連携の意義を理解することができるようになる

相互の部門・組織への期待や提案を盛り込む

6．外部環境・業界動向を整理します

激動期にあって、情報の最大更新速度が求められる。経営陣として情報感度を上げておく訓練は日常的に行われなければならない

7．上記3・4・5・6を鑑みて、方針・戦略を策定します

①7ポイントで、やろうとすることを明示する

（増やす・拡げる・続ける・減らす・やめる・始める・つくる）

②部下・メンバー個々の情報と育成方針を入れる

8．方針・戦略を計画に落とし込みます

具体的な内容に分解し、実施が見えるように記述する

9．上記 7・8 について、部下・メンバー個々の成長を意図した配分を行うことを主導します

　　ミドルマネジメントと対話し、1 人ひとりの個別能力（知識・スキル・経験・ノウハウ等）とキャリアアンカーを合わせて、意図的な組織構成と配置を行う

10．上記 1～9 までを全て 1 枚の方針書に記述することで可視化し、会社に明示できるようにします

　　方針書を全員で共有し、個々が発表することによって、社内外でどのような貢献を目指しているのかを相互に理解する

11．それぞれの部門との連携をつくり上げるため、お互いの組織に連携提案をつくります

　　連携提案一覧について、事前に記述してくるが、発表を聴いて再考する

12．「上位マネジメント職の人材要件」に基づいて、自分の現状に向き合い、成長の視点を定めます

13．最後に全社の問題を特定し、いくつかを取り上げ、役員・部長でグループとなり、解決への道筋を議論します

「方針書」、「連携提案一覧」は、研修終了後すぐにミドルマネジメントに自ら発信・説明し、実現に向けて各チームでの活動を一緒に検討します。

## 役員・部長研修の進め方への工夫

　現在のビジネス環境では、どの対象者であっても、研修で時間をじっくりと取ることが難しくなっています。しかしながら、役員・部長の役責の重要性を考えますと、この研修に参加しアウトプットを残すことそのものがマネジメント職としての責任と言えます。参加が日常の役割遂行と連動できるように企画を進めていく必要があります。

# 役員・部長　教育研修プログラム　全体展開像案

**事前取り組み**

| マネジメント 現状棚卸し | ① 企業理念・企業ビジョンを咀嚼し語れる準備を整える<br>② 全社方針・方向性を確認して、自部門がどのような役割を担うのかを検討する<br>③ 役員・部長としての行動現状を棚卸しし、自分と正直に向き合う |
|---|---|

**研修 Day1**

| マネジメントの 役割遂行基盤 増強 | ❶ 企業理念・全社ビジョンや方向性を咀嚼する<br>❷ 役員・部長の役割の再認識と具体行動を検討する<br>❸ 全社事業プロセスの検討と構築を行う<br>❹ 自組織ビジョンを設定する<br>❺ 自部門資源を整理し、全社組織連関に関する対話と検討を行う<br>❻ 全社最適に向け役員・部長が行うべきこと・やめるべきことを決める |
|---|---|

**中間取り組み**

| 深考と実践 | ① 自社・自部門の内部資源をすべて棚卸しする<br>② 他部門との連携について、期待と提案をまとめる<br>③ 部門方針書を作成する<br>➡ 経営方針・自組織ビジョン・自部門資源・外部環境を統合して自部門の KPI を明示する |
|---|---|

**研修 Day2**

| 視野の拡大と マネジメント 実践 | ❶ 企業理念の咀嚼と自部門ビジョンを軸に方針を発表する<br>❷ 自部門の人材育成を意図的に行いながら、どのような業務配置ができるか検討する<br>❸ 他部門との関わりを明示し、組織間連携を完成させ全社最適になるよう期待と提案を対話する<br>❹ 参加者全員で全社の問題を抽出し、解決に向けた課題を設定する |
|---|---|

**継続取り組み**

| 組織づくりと 成果創出 | ① 方針書の完成と自部門への説明・展開、および方針書に基づく部門活動すべての進捗レビューと改善行動の実施<br>② 自部門内の内部資源の再設定<br>③ 部下との 1 on 1<br>④ 全社課題へのグループでの取り組みと成果創出 |
|---|---|

　全体運営としては、1 日×2 回の実施が理想で、1 日目は 1 〜 7、2 日目が 8 〜12 です。

　全体展開として、1 日目実施前・2 日間の中間・2 日目が終了した後で、個々が情報収集し、思考を深める時間を持つことが欠かせません。

　役責を果たすために、自分としてあいまいな考えだったり、十分に情報収集ができなかったりでは、とても責任を果たすことはできません。講師は事前・中間・事後での成果物内容をチェック・添削します。このことで、ご自分の視野や視座が確認でき、さらに思考の癖に気づくことができます。内容が不十分な場合は、視点をどのように置くべきかを知ることができます。

　研修においては、講義は少なめで、発表・対話・ワークが大幅に多くなるのが特徴です。役責を果たすために必要な要素は「行動」に帰着してくるからです。

　研修では、集合して行うべき議論・検討・気づきによる思考の拡大、および相互の連携を深める場としていきます。役員・部長が自分の役責に基づいて、同じ会社・組織の仲間たちと相互に期待と提案を交換することで、組織の連携が図れ、研修を通して社内が一体となっていくのです。

## 役員・部長に求められる要件とは

　役員・部長に求められることは、単に結果を出せば良いということだけではありません。役員・部長層には経営に資するために求められる基盤となる人材要件があります。

　それは「組織成果を出し続ける」、「周囲へ前向きな影響をもたらす」、「イノベーションを起こす」そして「倫理観を持っている」の 4 つです。

　研修においては "4 つの要件" をさらにそれぞれ深めて、手本となる人材を目指せるよう関わっていきます。

## ＜著者プロフィール＞

水川　正大（みずかわ　ただひろ）

株式会社キーグリップ　代表取締役社長、エグゼクティブ・コンサルタント

岡山県生まれ。20代でマネジャーに抜擢されるもチームが破綻。マネジメントを猛勉強し、人材成長と成果拡大を実現する。組織づくりへの関心から大手教育研究所に転じ、営業とコンサルティングを両立する。顧客を熟知して進める研修は満足度98％以上を記録する。

その後、デロイトトーマツグループに転じ経営に関わったのち独立。激変期のマネジメント職に寄り添い、「活性する組織」、「外部の持続的高評価」を支援する、わかりやすい語りと実践的内容で高評価を得る。現在、絶対に失敗しないコンサル活動を継続中。

実績：日本を代表する大手上場企業からベンチャーまで約600社の事業成長に関わる。担当中に出世した担当者120人（うち社長2人）。年間登壇約100日。満足度97％以上。

[講演・セミナーのテーマ例]

・絶対に失敗しない二刀流コンサル〜マネジメント職が成果を出すために行うこと〜
・組織間の連携が企業の体質を変える〜"いい会社"をつくりたいなら〜
・お客様の困りごとが見えてますか〜課題解決営業の極意とは〜

連絡先（ホームページ、ブログ等のURL）：

ホームページ　https://key-grip.jp/
メールアドレス　contact@key-grip.jp

5-8

たとえどのような時代にあっても、経営者・リーダーに求められる重要な要素は、その「在り方」、すなわち軸を調えることである。
本稿では、ZENコーチングの第一人者である著者が、経営者・リーダーに不可欠な自らの「在り方」、「軸を調える」方法を伝える。

# 禅の真髄に学ぶ、経営者・リーダーの軸を調える方法
## ～今、ZEN（禅）トレプレナーという在り方～

株式会社Zentre　代表取締役　吉田 有

## ZEN（禅）トレプレナーとは

ZENとEntrepreneur（アントレプレナー／起業家）を組み合わせた造語で、経済的発展だけではなく、人間的成長を目指す起業家のことです。

ZEN（禅）を下記の4つとして捉えています。

禅（ZEN）：坐禅を通じてこころの安寧を作る
然（ZEN）：自然から人間としての在り方を学ぶ
善（ZEN）：善き人になるよう人徳を積む努力をする
全（ZEN）：全員が個性を発揮するチームを作る

## 経営者・リーダーのマネジメントにZEN（禅）的アプローチを

変化が激しいビジネス環境のなかで企業が成長し続けていくために

は、人材を引きつけ、モチベーション高く組織文化を形成することが重要です。そのためにさまざまなビジネススキルやテクノロジーが開発され、日進月歩で進化しています。また、ChatGPTやBardなどの生成AIの出現により、知的な仕事がAIに置き換えられようとしています。こうした時代、経営者やリーダーは、ビジネススキルを身につける以上に、自身の在り方やぶれない軸の確立が重要な時代になってきました。

　禅や東洋思想は、昔から経営者やビジネスリーダーの在り方を学ぶために役立つと言われてきました。昔からとは100年・200年前というレベルではなく、1000年・2000年以上前からであり、それが現代でも語られるということは、不変の真理と言えます。

**継続的に成果を上げるために**

タスク処理

ビジネススキル

人間力・人徳

　時代とともに開発されてきたさまざまなヒューマンスキルは、人という資本をどう活かすかをその時代に合わせわかりやすく表現してきたものですが、そのスキルのベースに問われるのは、いつも人間力です。日々のタスクを処理するためにビジネススキルを身につけることも必要ですが、しっかりとした組織文化をつくるためには、経営者やリーダーの人間力があってこそとなります。

## 経営者・リーダーの在り方をZEN(禅)的マネジメントから考える

### 1）執着を手放し、本質を見る

　禅は「示」偏に「単」と書き、単純に示すことを表しています。単

純に示すとは、自身の思い込みを手放し、シンプルに物事を捉え、削ぎ落としていくことです。その結果、「本質」が見えてきます。

経営者・リーダーは日々多くのタスクを抱え、膨大なメールや情報を処理し、組織や顧客の問題に対応していかなければなりません。また、目標達成を追い求めすぎるために自分のエゴや成功体験にこだわり、先入観にとらわれて、現実をきちんと把握できないことがあります。忙しいなかでも、いったん止まってこだわりや執着を手放し、ニュートラル（素直）な自分の目で物事を見ることが必要ですが、それは簡単なことではありません。失敗や成功を繰り返してしか体得できないものです。

## ２）こころの状態を調える

ケンブリッジ辞書には、ZENとは「思うようにならないことを、気にしないこと」と記されています。

経営者・ビジネスリーダーは日々多くのストレスを抱えています。成果を上げなくてはならない重責に加え、部下が思うように動いてくれないこともあるでしょう。自身の実務能力を最大限に発揮し成果を上げるためには、どのような状況下にあってもポジティブに取り組む「こころの状態」を調える術を身につけることがカギとなります。

そのために有効なのは、「今、ここに集中する」ことです。過去の後悔や未来の不安にとらわれず、やるべきことに邁進すると、自身の生産性は高まり、アイデアが生まれ、周りから思わぬサポートが得られ、結果として良い状態になります。

経営の世界は思うようにならないことばかりです。だからこそ、高い視点から自分を見つめ、今、ここに集中するZEN（禅）の術を身につけることが有効です。「こころの状態」は「仕事の質」と密接に関わっています。

## ３）矛盾を乗り越える

経営者・ビジネスリーダーは、目先の小さなテーマから将来の方向性を決める大きなものまで日々判断の連続です。

人間が悩んでいる時は、必ず２つになっている状態です。２つになるとは、あちらを立てればこちらが立たず、こちらを立てればあちらが立たずというふうに双方が相容れない状態です。矛盾とは相反するものがあるために起きるのですが、東洋思想では「相反するものがあることが当たり前」、そもそももとは１つであり、それらが補い合って成り立っているという考え方です。

例えば昼と夜、男と女、ドアを開けるためには閉じている状態がある、車の運転にはアクセルとブレーキがあるというように、物事はよく考えてみると相反するものがあって初めて成り立っていると言えます。それは１枚のコインの表裏とも言えます。

西洋思想は物事を分けて分析する知恵がベースですが、東洋思想はそもそも１つであり、分けない知恵（無分別智）がベースです。こうした考えをビジネスの場においても持つことで、より高い視座で物事を包括的に捉えることができ、後悔しない判断軸を身につけることができます。


## ４）リーダーの風格と人望を備える

経営者・リーダーが組織をまとめていくうえで最も重要な要素の１つが在り方です。坐禅には「調身」「調息」「調心」という３つのステップがあります。「身を調える」「息を調える」「心を調える」という順番で坐禅を行います。

この最初の「身を調える」は特に重要です。経営者の姿勢、行動、言動、態度などの立ち居振る舞いなど、１つひとつの所作が人や組織に大きな影響を与えるからです。

昔から日本を代表する経営者たちは皆、人格を磨く重要性を説いて

います。

京セラの創業者の稲盛和夫氏は宇宙には一切を善き方向に向かわせるエネルギーの流れがあり、その流れに乗るために、利他のこころを説いています。

満天の星を見上げ広大無辺の宇宙を感じると、抱えていた課題も小さく感じます。大自然のなかに身を置き自然に対する畏敬の念を感じると、ざわついていた気持ちも収まります。例えば、森林を歩き小鳥のさえずりに耳を傾けたり爽やかな風に触れることで、こころが穏やかな状態になる経験を皆さんもお持ちでしょう。こうした自然の力によって我々の内にある生きものとしての自分に気づき、真に謙虚な気持ちが生まれます。

その謙虚さこそが、実は経営者・リーダーの器を広げ、より良き在り方や軸を育んでいくことにつながるのです。

## プログラム概要

### ＺＥＮ的経験学習サイクル

**ＺＥＮトレプレナー研修**
・信頼されるリーダーになる
・ビジネスに活かす禅

知識のインプット

**ＺＥＮネイチャープログラム①**
・坐禅体験
・自然体験

五感を使った体験

**エグゼクティブＺＥＮコーチング**
・行動変革（人間的成長）
・課題解決サポート

職場で実践フォローアップ

体験を内省・共有する

**ＺＥＮネイチャープログラム②**
・自身の内省
・対話による共有

## ■ZENトレプレナー研修

目的：①常に成果につなげられる行動を取れるように、自身を調え、心身ともに安定した状態で仕事やステークホルダーと向き合えるようになっていただくこと

②部下からリスペクトされるリーダーになるための在り方を学んでいただくこと

内容　・なぜ、ビジネスリーダーにZEN（禅）が必要なのか

・日本を代表する経営者から学ぶ

・ZEN（禅）の考え方とは

・「今、ここ」「こだわりを手放す」「１つになる」

・ZEN（禅）の体験

・ZEN（禅）の実践方法とルーティン

## ■ZENネイチャープログラム

目的：①リーダーの在り方を知識として学ぶだけではなく、自然のなかで身体と五感を使って感じ取っていただくこと

②身体を使って「今、ここ」に集中することを体験していただくこと

内容：都会を離れた自然のなかで、ビジネスと人生を振り返り、心身ともにエネルギーをチャージする自然体験ワークショップ（ZENネイチャープログラム＠大磯版）

・坐禅体験

・山をサイレントウォークで歩く

・山頂での瞑想

・展望台から俯瞰する

・下山後は対話ウォーク

・リフレクション（内省と対話で気づきを腹落ちさせる）

◇ZENネイチャープログラムは、自然のなかで体感する「歩く
瞑想」です。人のこころはいつも未来や過去をさまよい、「今、
ここ」にないことがほとんどです。ゆっくりと土を踏みしめて
歩くと、自分が大地に支えられていることを実感します。また、
ウグイスやヒヨドリの声、遠くの電車、砂利を踏む音など、普段
は意識にも上らないような音がこころに響いてきます。季節の
移ろいを感じ、野の花、草のにおいのなかで無心で過ごすひと
時は何よりのセルフケアです。そうした時間を過ごすことで、少
しずつ「今、ここ」において身体とこころが落ち着いてきます。
場所：大磯、西湖、青森、屋久島、シトカ（アラスカ）など

■エグゼクティブZENコーチング
目的：①ビジネスリーダーが自身の軸を確立し、部下からリスペクト
　　　　されるよう人間力を高め、より効果的な影響力を身につけて
　　　　いただくこと
　　　②ビジネスで直面する課題について対話を通じてサポートする
　　　　こと
　　　③ZEN（禅）的な視点を経営のなかで活かしていただくこと
内容：・事前アセスメント
　　　　（ステークホルダーからのアンケートもしくはヒアリング）
　　　・自身のテーマを設定する
　　　・定期的な（3週間ごと）のエグゼクティブコーチング
　　　　（1時間／回×6回〜）
　　　・定期的な（ウィークリー）振り返りレポート
　　　・ビジネスに活かす禅語の習得
　　　・事後アセスメント（アンケート）

・今後の取り組み（最後のコーチングセッション）


「人が周囲に与えられる最大のものは、自分自身の在り方である」

カール・ロジャース　心理学者



## ＜著者プロフィール＞

吉田　有（よしだ　たもつ）

株式会社Zentre　代表取締役

ZENトレプレナー研究所　代表

海と山に囲まれた神奈川県の大磯で生まれ育つ。

大学卒業後、米国アラスカ州のシトカ市にある日本のパルプ会社に勤務。セスナ機でアラスカの大自然を飛び回り原木調達の仕事をする。

30歳で帰国、アパレル企業の経営に参画し代表取締役。

50歳でビジネスコーチ株式会社の創業に参画し取締役。

エグゼクティブコーチとして世界的権威のあるマーシャル・ゴールドスミス氏から直接コーチングを学ぶ。

2011年　青森県観音寺で得度

2017年　一般社団法人インターナショナルZENカルチュラルセンターを設立。理事

2020年　ZENトレプレナー研究所を設立

2023年　株式会社Zentreを設立。代表取締役


## ［講演・セミナーのテーマ例］

・ZENから学ぶマネジメント

・ZEN　静寂から生まれるリーダーシップ


## 連絡先（ホームページ、ブログ等のURL）：

ホームページ　https://www.Zentre.co.jp

メールアドレス　yoshida@Zentre.co.jp

5-9

近年、従業員等の健康管理を経営的な視点で支援する「健康経営」に注目が集まっている。

本稿では、産業医としての豊富な実績をもとに、健康経営コンサルタントを指導している著者が、健康経営をさらに高めた「健幸経営」の実践にてエンゲージメントまでも向上する方法を伝える。

# 成幸力を高める健幸経営
## ～人的資産投資にてエンゲージメント向上～

合同会社パラゴン　代表社員　櫻澤博文

## 「人的資産投資」にてジンザイの「人財化」

　有形資産が利潤を生む装置産業と違い、サービス業の経営者は、営業利益を内部留保に回す前に、無形資産たる従業員という人的資本を、どうしたら教育訓練にて増強し得るのか、悩まれていることでしょう。概念としての「ジンザイ」区分は以下の表の通りで、従業員を「人財」まで育成する方法として、こちらは支援の原則である、魚が欲しい人に魚を与えるのではなく、釣り方を教える方法を2016年に専門書にて展開[※1]しています。

| 人罪 | 外部への不経済性のように、社会を揺るがすような「人災」まで引き起こす。 |
|---|---|
| 人材 | 素材や材料のままで成長しない。滅失するだけの「人的資源管理」の段階。 |
| 人在 | 過去の成功体験に安住し、存在は窓際に限る。毀損する「人的資本管理」の段階。 |
| 人財 | 会社に成長と利益を潤す。**「健幸経営」**での**「人的資産投資」**にて育成される。 |

　それは過労にて消耗→滅失する「人的資源管理」でもなく、日々の業務に追われることで毀損してしまう「人的資本管理」でもなく、自ら利

益を生み出し、持続的に成長し続ける**「人財」**にまで従業員を育成する
**「人的資産投資」**を履行することです。

## 人的資産投資とは

**「人的資産投資」**とは、以下で紹介する**健幸投資手法**です。ストレス耐
性は向上され、心身ともに頑強（タフネス）化されます。**「成幸力」**は強
まり、**「ワーク・イン・ライフ」**を具現化し得るようになります。社員
自らが**「人財」**という、利潤を生み出す資産としての価値を具有してい
くことで、結果として「Σ人財化した従業員＝企業価値の増強」が期待
できます。

### １）人的資産投資の編纂原点：時給10万円経営コンサルタントの教え から

筆者の生まれた年に大学を卒業後、外資系コンサルタント会社にて大
手企業の経営者を相手に、「革新を実現に」をスローガンに、その企業
のサバイバル力を強め続けたことで、日本人初のボードメンバーになっ
た方がいました。彼にその成功の秘訣を確認したことがあります。する
と『単に休日にゴルフを楽しみたいから、「早寝・早起き・朝ご飯」と
いう当たり前な生活習慣を維持してきたからにすぎず、たまたま生き残
っただけ』との回答でした。でも、桜沢如一の親戚で、日ごろ産業医と
して戦線離脱する企業戦士を分析していた私からしたら、「当たり前の
ことすら数十年も継続する人は稀」といった現実に思いを致しました。

### ２）人的資産投資：とはΣ（「滋養」＋「強壮」）＝「健体康心」

それから数十年、私は**[滋養]**（食事内容の充実・改善）と**[強壮]**（身
体鍛錬）の２点が**「健体康心」**（健やかな身体＆精神・心理が康らかな様）を
体現する手段だと解釈し、**[滋養]**に関しては管理栄養士らとともに企
業で効果を検証、かつ学術誌を通じて栄養学界にて議論した結果、「イ

ンパクト・ファクター」（科学的貢献度を示す指標）にて合計で 9 を超す寄与が示されました。次項で説明する「ポジティブ心理学」という幸福感、達成感、使命、満足度、やり甲斐といった概念も、測定と解釈が可能な尺度を導入することも含め、これらの実効性を産業医先で検証したところ、確かに従業員の就労満足度や生産性が高まるのみならず、「健康経営度調査」（経済産業省）の結果も向上しました。2022年には一般書『**究極の疲れない脳**』（アチーブメント出版）にて一部を紹介しています。

## 健幸経営とは

「**健幸経営**」とは、組織全体を**健幸（ウェルビーイング）**に導きたいという経営者の意思や姿勢であり、[**人的資産投資**]を従業員に履修かつ実践してもらう仕組みづくりです。キャリアコンサルタントによる、従業員 1 人ひとりの**キャリア・アンカー**に基づいた**キャリア開発論**（紙幅の都合で割愛；監修書[※2]に詳しい）や、以下にて仔細を紹介する**ポジティブ心理学に基づく働きやすい職場づくり**に取り組むことでエンゲージメントまでも向上させることができます。

### 1）ストレスチェックの質問票を57項目版から80項目版へ変更

　ストレスチェック制度（以下、SC）で厚生労働省が標準とした尺度：「職業性ストレス簡易調査票」（以下、57項目版）は、その作成者からして間違った使い方との批判[※3]がありました。そもそもこのSCは、ストレスの存在に気づくという、「一次予防」の健康増進に位置づけられている法制度です。しかしながら、57項目版は早期発見・早期治療という「二次予防」に向けて構築されたものだからです。病気になった人を見つけても、病人が増えるのは当たり前。そして名医が治療したとしても、その社員は治るにすぎません。良くて体調が元に戻るであって、健康が増進される（する）ことにはなりません。さらには「うつ病」にかかった人が、治った後、バリバリと仕事をこなしていたら、それは「う

つ病」ではなく、「躁転」という「躁うつ病」の見逃しか、投薬内容を間違った可能性すらあります。従って「二次予防」ではなく、「一次予防」として【ストレス耐性の向上（タフネス化）】に通じた**人的資産投資**を行い、従業員を**健体康心**にする必要があります。

2）「新職業性ストレス簡易調査票」（以下、80項目版）の特徴と強み

## 80項目版ストレスチェック

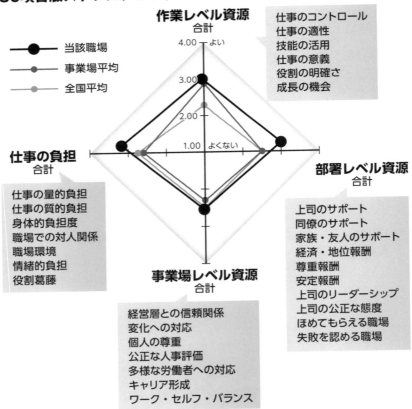

作業レベル資源
合計

- 仕事のコントロール
- 仕事の適性
- 技能の活用
- 仕事の意義
- 役割の明確さ
- 成長の機会

- 当該職場
- 事業場平均
- 全国平均

4.00 — よい

3.00

2.00

1.00 よくない

仕事の負担
合計

- 仕事の量的負担
- 仕事の質的負担
- 身体的負担度
- 職場での対人関係
- 職場環境
- 情緒的負担
- 役割葛藤

部署レベル資源
合計

- 上司のサポート
- 同僚のサポート
- 家族・友人のサポート
- 経済・地位報酬
- 尊重報酬
- 安定報酬
- 上司のリーダーシップ
- 上司の公正な態度
- ほめてもらえる職場
- 失敗を認める職場

事業場レベル資源
合計

- 経営層との信頼関係
- 変化への対応
- 個人の尊重
- 公正な人事評価
- 多様な労働者への対応
- キャリア形成
- ワーク・セルフ・バランス

◆事業場平均：対象となった事業場全体の平均
◆得点は最高4点、最低1点になるよう変換されており、高いほうが良好な状態を示す

57項目版から80項目へと、差としては23項目、比としては1.4倍に増加するだけで、図のように「仕事の負担」軸に加えて「作業レベル資源」軸、「部署レベル資源」軸、「事業場レベル資源」軸の4軸評価が可能になります。1.4の4乗より、情報量は約4倍へと、つまりは57項目版との比は1.4倍だったのが、4倍もの情報量を得ることが可能になります。4倍へ増えた差分の3倍分は、57項目版がどちらかというと*「痛くない腹を探られたくない」*内容だったことに比して、「成長の機会」、「上司のリーダーシップ」、「人事評価の公正さ」、「失敗を認める職場」等のように、従業員の**「仕事へのポジティブな関わり（ワーク・エンゲージメント）」**や**「職場の一体感（ソーシャルキャピタル）」**までをも把握可能な「ポジティブ心理学」に基づいた概念で構成されています。

### 3）いきいき職場づくり（職場環境改善計画）

2014年の改正労働安全衛生法にて導入されたSCには、より大きな特徴があります。それは**「集団分析」**という、科学的合理性を基に生産性まで高める方法が努力義務化されたことを示します。例えば「職場の一体感」が得られた部署があったとしたら、そこでのノウハウを、容易に他部署へ水平展開できるという、集団心理学に基づいたPDCA化が具現化できるからです。このような組織集団心理学的展開をSCでは「集団分析」と銘打っています。そして、この**「集団分析」**をより容易に実行しやすくする方法である**「イキイキ職場づくりのためのアクションチェックリスト（職場環境改善ヒント集）」**は無料利用できますし、監修本[2]では**「第3章　いきいき職場づくりに役立つ参加型職場環境改善」**として竹内由利子らが解説しています。

### 4）特定社会保険労務士が実施事務従事者を担うSC実施機関との契約を

筆者は57項目版が標準とされたことで労務問題が浮き彫りとなり、実際に労働紛争に発展することをいち早く危惧した立場[1]です。こち

らが懸念を伝えるも対応を行わず、労働紛争となった企業も現実にあります。対して、労働紛争時の当事者の代理人資格として、**特定社会保険労務士**があります。その有資格者に、SCでの実施事務従事者を担ってもらうのみならず、筆者を実施者としてもらうSCの社内での構築→導入→社員への展開→社内での実施→集団分析の実施→職場環境改善計画の実行まで一気通貫的に対応できる実施機関があります。それが「**職業性ストレスチェック実施センター（HP：https://stress-cc.com）**」です。日本語以外、米語、スペイン語、ポルトガル語、ペルシャ語、ベトナム語、タガログ語、中国語と8カ国語に対応しています。

<参考文献>
※1　『ストレスチェック面接医のための「メンタル産業医」入門』櫻澤博文著・日本医事新報社
※2　『キャリアコンサルティングに活かせる　働きやすい職場づくりのヒント』櫻澤博文監修・金剛出版
※3　第33号巻頭言・下光輝一・日本産業衛生学会関東地方会ニュース

<著者プロフィール>

櫻澤　博文（さくらざわ　ひろふみ）

合同会社パラゴン　代表社員
医師、労働衛生コンサルタント、日本産業衛生学会指導医。
産業医大卒後、京大大学院にて社会健康医学修士、後に医学博士取得。その後法科大学院に通いながら外資系コンサルタント会社の産業医に従事する際、"コンサルタントのコンサルタント"として、「成幸力を高める人的資産投資」を体系化。2013年に合同会社パラゴンを設立し、今日まで「人的資産投資」の展開にて企業の「健幸経営」を推進中。著書は参考文献以外にも『もう職場から"うつ"を出さない！』（労働

調査会）、『メンタル不調者のための復職・セルフケアガイドブック』（金剛出版）他多数。講演も「過労死等防止対策推進シンポジウム」（厚生労働省）や「障害者雇用支援フェア」（東京都）等多数。

## ［講演・セミナーのテーマ例］
・《健幸健営における人的資産投資》働きやすい職場づくりのヒント
・職場におけるストレスマネジメント＆ヘルスケア
・相続を争族にしない：事業承継・遺言時医師立会支援による公正証書遺言作成とは

## 連絡先（ホームページ、ブログ等のURL）：
ホームページ　https://pro-sangyoui.com/
メールアドレス　sakura@pro-sangyoui.com

合同会社パラゴン附属の事業承継・遺言時医師立会支援センター
ホームページ　https://pro-sangyoui.com/medical/kaigo/minpou973

《編者略歴》
**いきいき職場づくりに貢献する講師の会**
2023年4月に発足した有志の会。「いきいきとした社員が集う職場づくり」のために日夜努力を惜しまない研修講師のネットワークづくりに励んでいる。現在、書籍の制作をメインに活動を展開。事務局は有限会社イー・プランニング麹町オフィス内にある。

社員の能力を120%引き出す研修講師32選

2023年10月16日　第1版第1刷発行

編　者　　いきいき職場づくりに貢献する講師の会

発　行　　株式会社PHPエディターズ・グループ
　　　　　〒135-0061　東京都江東区豊洲5-6-52
　　　　　☎03-6204-2931
　　　　　https://www.peg.co.jp/

印　刷
製　本　　シナノ印刷株式会社